DER ANTI-MAINSTREAM-VERLAG

SLAMEK OSWALEK UND ALBA MATTHÄUS infiltrierten lange Zeit das Netz mit satirischen Texten, wobei sich eines Tages ihre Wege kreuzten. Man entschied sich zur Schaffung eines gemeinsamen Werkes, das durch den Tod Oswaleks jedoch ein vorzeitiges Ende fand. Was bleibt, ist hanebüchen: Hanebüchchen.

Alba Matthäus & Slamek Oswalek

Hanebüchchen

Deutsche Erstausgabe
Umschlaggestaltung: Alba Matthäus
Herstellung: BoD – Books on Demand, Norderstedt

ISBN: 978-3-946643-03-6

www.eygennutz-verlag.de

Inhalt

Der etwas längere Text

Lieber Slamek,

mein unverkäufliches Werk findest du im Anhang. Amüsier dich damit oder druck es aus und zünde die Frankfurter Börse damit an, zu irgendwas muss es ja mal gut sein.

Ich will jetzt zeichnen lernen, der aus dem Urlaub zurückgekehrte Betriebsleiter hat mich da auf eine tolle Idee gebracht. Kaum wieder da, fing er an zu nölen, »Der Wilk muss weg.« Der Wilk ist ein Wohnwagen, der schon lange den Laden hütet, und da er nun plötzlich stört, schlug ich vor, ihn (den Wilk) in die Luft zu sprengen. Dann wär er ja weg. Die Idee kam nicht gut an, ich habe sie aber trotzdem heimlich weitergesponnen. Wenn ich malen könnte, würde ich auf die ganzen Wohnwagen Mohammed-Karikaturen malen, und dann würden die unintegrierten Salafisten aus ganz H. kommen und die Scheißschüsseln in die Luft sprengen, und ich müsste nicht mehr im Campingladen arbeiten, und die Wohnwagen und der Kampf der Kulturen wären mal zu was gut gewesen. Alles sollte zu was gut sein, finde ich.

Positiv denkend,
Alba

Re: Der etwas längere Text

Liebe Alba,

dein optimistisch-pragmatisch geprägtes Denken in Form der Idee, die Wilks mit Mohammed-Karikaturen zu verzieren, um so eine Sprengung durch die unangepassten Moslems anzuregen, finde ich gut!

Am besten sollten sich Selbstmordattentäter angesprochen fühlen, so hätte die ganze Sache durch eine quasi natürliche Selektion und Ausmendelung gleich noch einen zusätzlichen positiven Nutzen für die Menschheit – und nicht nur für dich! Ganz schön egoistisch! Vor allem aber kommen mir da spontan ganz viele Ideen, wo man diese Karikaturen noch so überall draufzeichnen könnte ...

Soeben habe ich den ersten Text von Roberts Fortsetzung einstellen können: http://www.satire-clips.de/?p=5409 und werde dann einige Tage später (vermutlich gegen Mitte nächster Woche) deinen Fischgeruchstext veröffentlichen. Angelegt habe ich ihn schon – anbei schon mal ein Screenshot davon! Danke auch für den Roman! Ich werde bei Gelegenheit immer mal etwas darin herumlesen und bin durchaus neugierig.

Ich hätte übrigens auch Lust, mal etwas gemeinsam mit dir zu schreiben. Allerdings ist mir zunächst nichts eingefallen. Weder ein Thema, noch wüsste ich, wie wir mit unseren ja doch unterschiedlichen Schreibstilen gut zusammen etwas schreiben könnten. Doch dann kam mir eine (vage) Idee. Wieso nicht einfach so eine Art »E-Mail-Roman«? Kennst du dieses Buch »Gut gegen Nordwind«? Ich habe es nicht gelesen, aber irgendwann mal reingeschaut. Darin ist nichts anderes abgebildet, als der (vermutlich fiktive) E-Mail-Schreibverkehr zwischen zwei Personen, die sich (glaube ich) übers Netz kennengelernt haben und überlegen, ob sie sich mal treffen wollen. Diese Idee ist also bereits abgenutzt, aber das Stilmittel finde ich ganz interessant und das Buch war sogar ein großer Erfolg.

Warum nicht einfach unseren hanebüchenen E-Mail-Schriftwechsel sammeln, anschließend etwas aufbereiten und dann als Buch in Eigenregie veröffentlichen (E-Book und On-Demand)? Vielleicht gefällt's ja sogar dem ein oder anderen. Dann machen wir dazu eine Facebook-Seite, schicken Presseerklärungen an alle möglichen Medien und Zeitschriften, nötigen unsere Freunde und Bekannten zu positiven Rezensionen bei Amazon und Facebook usw.

Es wäre dabei nur zu überlegen (Lust deinerseits vorausgesetzt), ob wir uns entweder eine Art Rahmenhandlung ausdenken, oder einfach so drauflosschreiben, also über die ganz banalen Alltagstrivialitäten. Das Buch könnte ja durchaus auch mal von gar nichts handeln. Als Titel z. B. einfach irgendeine dämliche Wortkombination ausdenken wie »Sonnenuntergangsignoranten« (Frag mich nicht, wie ich jetzt darauf gekommen bin, aber da sollte uns schon was einfallen) und dann als Untertitel »Der Roman, der von gar nichts handelt«. Inhalt dann einfach unsere E-Mails.

Das Schöne an diesem Konzept wäre, dass es nicht nur vollkommen sinnfrei wäre, sondern wir könnten auch einfach drauflos mailen, wenn wir Lust haben (z. B. einfach 1-2 x pro Woche, egal in welcher Länge) und das Ganze dann später zusammenwursten. Ohne Stress und Zeitdruck, einfach immer wenn wir gerade Lust haben.

Natürlich könnten wir auch eine Art Rollenspiel machen und uns in fiktive Personen verwandeln. Bspw. zwei Zwillinge, die bei der Geburt getrennt wurden und erst jetzt in unserem Alter von der Existenz des anderen erfahren haben und über E-Mail Kontakt aufnehmen und sich kennenlernen wollen und über ihre jeweiligen Familien und Lebenswege schreiben oder was für ein selten dämlicher Mist uns auch immer in den Sinn kommen mag …

Viel Spaß beim Zeichnenlernen!

Slamek

Re: Re: Der etwas längere Text

Guten Tag.

Entschuldige bitte, dass ich nicht sogleich geantwortet habe, aber zum einen hat die Wilhelmshavener Vorstellerei Nerven gekostet, und zum anderen habe ich geschmollt. HANEBÜCHENER Schriftwechsel? Wann bitte habe ich denn wohl mal irgendwas geschrieben, was auch nur ansatzweise als hanebüchen bezeichnet werden könnte? Ich möchte das an dieser Stelle nachdrücklich und in aller Form von mir weisen!

Andererseits wäre Hanebüchen doch schon mal ein schöner Titel für ein gemeinsames Projekt. Noch besser als Zwillinge fände ich aber zweieiige Drillinge, die bei einer Benefizveranstaltung für unfruchtbare Paare während der Darbietung einer schwangeren ukrainischen Trampolinkünstlerin zur Welt kommen und ins Publikum geschleudert werden. Zwei von denen könnten von Proll-Paaren weggeschleppt werden, deren Teilnahme an der Veranstaltung von RTL gesponsert wurde, während das dritte von der vertrockneten Erbin einer hanseatischen Kaffeerösterei eingeheimst wurde. Jahre später machen sich die beiden Loser auf die Suche nach dem reichen Bruder, in der Hoffnung, der könne ihren Alkohol- und Drogenkonsum sowie den Wahlkampf der National-Islamistischen Deutschen Linkspartei finanzieren.

Hanebüchen, pah. Ich kann ganz locker am Sonntagnachmittag zwischen Teilwasserwechsel und Lindenstraße mal eben einen ultraseriösen Plot aus dem Ärmel schütteln!

Das Garnelenfoto ist übrigens sehr hübsch. Ich hab auch mal versucht, mit meiner Aldi-Kamera Pummeluff zu fotografieren, wie sie auf der Cabomba sitzt, aber von Pummeluff war nur ein vager roter Fleck zu erkennen.

Natürlich bin ich gerne dabei, wenn es um das Schreiben sinnloser Romane geht. Da bin ich ja quasi Expertin. Sinnlose Romane, sinnlose Jobs, sinnlose Lesungen ... was für'n Elend.

Alba

Re:Re:Re: Der etwas längere Text

Liebe Alba,

zunächst mal freut's mich, dass du mit mir zusammen hochgeistige Literatur verfassen möchtest. Und »HANEBÜCHEN – Das Buch in dem es um GAR NICHTS geht« wäre doch wirklich schon ein schöner Titel!

Gestern habe ich auch deinen letzten Text online gestellt ... Leider habe ich gerade mit meinem Rücken mal wieder ziemlich üble Probleme und habe mir deswegen für heute und die nächsten 1-2 Tage eine PC-Pause aufgebürdet. Darum auch nur ganz kurz für heute. Ich melde mich, wenn es mir etwas besser geht, in den nächsten Tagen wieder.

P.S. Wie ist denn dein Gespräch in Wilhelmshaven eigentlich verlaufen? Darfst du nun bald Wolfshautjacken verticken?

Viele Grüße
Slamek

Re: Re: Re: Re: Der etwas längere Text

Lieber Slamek,

oh ... du hast meinen letzten Text online gestellt. Das stimmt wehmütig.

Bei Rückenweh PC-Pausen einzulegen macht Sinn. Aber nur bei gleichzeitiger körperlicher Ertüchtigung. Bitte suche doch umgehend den nächstgelegenen Outdoor-Shop auf und erwirb dort eine dreilagige Funktionsjacke für ca. 600 Euro, mit der du dann fleißig durch Bürgerwälder streifst. Ich weiß noch nicht, ob ich in diese Branche wechsle. Man will sich diese Woche bei mir melden, hat es aber bislang noch nicht getan, was vermutlich nichts Gutes verheißt. Wenn man den Verkauf dreilagiger Funktionsjacken an gut verdienende Städter denn als etwas Gutes betrachten möchte. So ganz sicher bin ich mir da nicht. Aber den Verkauf doppelstufiger Niedrigdruckregler mit thermischer Schmelzsicherung an nörgelnde Niedriglöhner kann man mit der Zeit auch leid werden. Mal sehen. Vielleicht ist ja doch der zu erwartende Bestseller der Ausweg aus der Not.

Ich finde, ein Kelpie sollte auch darin vorkommen. Ich habe lange darüber nachgesonnen, was nach Zauberlehrlingen und Vampiren Aussicht auf Erfolg bei der offensichtlich kaufkräftigen Zielgruppe pubertierender Mädchen haben könnte, und da bin ich auf den Kelpie gekommen, welcher ein Wassergeist in Pferdeform ist. Wir könnten mit einem Kelpie-Roman einen ganz neuen Hype auslösen und schweinereich werden! Mädchen kaufen Bücher, und sie lieben Pferde und übernatürliche Wesen! Die Zeit ist mehr als reif für ein Buch über übernatürliche Pferdewesen!

(Ich bin irgendwie erkältet. Ich glaub, ich geh jetzt Fieber messen. Dir auch gute Besserung.)

Alba

Re: Re: Re: Re: Re: Der etwas längere Text

Liebe Alba,

dass ich mich bis jetzt noch nicht wieder gemeldet habe, ist nicht einem Desinteresse an deiner Person oder der Idee eines gemeinsamen Literaturprojekts zuzuschreiben, sondern meinem nach wie vor schmerzenden Rücken bzw. Nacken geschuldet. Nachdem ich heute Morgen bereits zwecks Besprechung einer in der kommenden Woche beginnenden Wurzelbehandlung bei einem neuen Zahnarzt in Mainz war, da mir mein bisheriger aus Frankfurt ein geldgieriger Halsabschneider zu sein scheint, habe ich gleich um 15:00 Uhr einen Osteopathie-Termin mit dem Ziel, meinen schmerzenden Muskeln mit eher wenig invasiven Methoden beizukommen.

Jedenfalls muss ich die selbstauferlegte PC-Sperre wohl noch ein Weilchen aufrechterhalten. Sobald ich nämlich auch nur eine Stunde am Rechner sitze oder mit dem Auto fahre, stellen sich recht kontraproduktive muskuläre Auswirkungen ein! Das gilt zwar auch für Bewegen oder Liegen, aber immerhin nicht in dem Maße. Da ich nicht weiß, wann ich mal wieder in Ruhe am PC vegetieren kann, möchte ich vorschlagen, in den nächsten Tagen gegen Abend doch noch einmal zu telefonieren, um kurz gemeinsam über das anvisierte Bestsellerprojekt zu beratschlagen. Passt dir zeitlich z. B. der Mittwoch- oder Donnerstagabend gegen 18:00 oder 19:00 Uhr? Dann bimmel ich gern mal durch. Das ist jedenfalls weniger schmerzhaft als zu schreiben und erlaubt dir überdies währenddessen den geliebten Blick ins Aquarium, welchen du beim Schreiben vermutlich entbehren musst!

Ein Kelpie klingt übrigens nach einer tollen Idee. Allerdings ist dieses mit einem Fischschwanz ausgestattete Reitviech ja ganz schön hinterfotzig! Verspricht es doch Wanderern, die einen Fluss überqueren wollen, auf seinem Rücken trocken hinüberzugelangen, und taucht dann mit ihnen ab, um sie ganz eigensinnig zu verspeisen! Wirft man einem Kelpie allerdings einen Brautschleier über den Kopf, so ist er gezwungen einem zu dienen und somit handzahm. Ich glaube jedenfalls, aus einem Pferd mit Fischschwanz und Brautschleier auf dem Dez lässt sich was machen. Recht hip sind ja momentan auch Zombies! Vielleicht könnte ja irgendeine dumme Rotzgöre, die von ihren Eltern getrennt wurde, in einer postapokalyptischen Welt auf einem mit einem Brautschleier bekleideten Kelpie Jagd auf Zombies machen, während sie ihre Eltern sucht? Und sich dann dabei in den Kelpie verlieben, sodass die Geschichte gegen Ende in einen sodomitischen Liebesreigen kumuliert? Klingt für mich jedenfalls nach dem Stoff, aus dem Bestseller gemacht werden! Also, bis bald am Telefon?

Viele Grüße
Slamek

P.S. Gibt es denn inzwischen Neuigkeiten aus der Outdoorbranche oder verhält es sich mit denen so wie mit den meisten potentiellen Kunden meiner Tests (»Interessant. Ich melde mich dann bald wieder bei Ihnen« ...)?

Re: Re: Re: Re: Re: Re: Der etwas längere Text

Hallo Slamek,

Donnerstag ab 19:00 Uhr ginge. Hast du eine Freisprechanlage oder muss dir ein Zivi den Hörer halten?

Voller Besorgnis,
Alba

Re: Re: Re: Re: Re: Re: Re: Der etwas längere Text

Liebe Alba,

dann melde ich mich morgen gegen 19:00 Uhr mal.

Der Zivi hat leider frei, aber ich habe eine Freisprecheinrichtung!

Viele Grüße
Slamek

Re: Re: Re: Re: Re: Re: Re: Re: Der etwas längere Text

Lieber Slamek,

wieder ein Sonntagnachmittag zwischen Teilwasserwechsel und Lindenstraße. Ich finde, es wird langsam Zeit, den Plot unseres Bestsellers ein bisschen auf Linie zu bringen. Mein Vorschlag für einen stringenten Handlungsbogen:

Der zweieiige Drilling, der bei der hanseatischen Kaffeeröstereierbin gelandet ist, kann von seinen ihn verfolgenden Geschwistern nicht gefunden werden, da er sich seinerseits auf die Suche nach dem gemeinsamen Vater gemacht hat. Dabei rettet er einen Kelpie aus den Fängen einer Zombiehorde und wirft ihm flugs den Brautschleier der ukrainischen Trampolinkünstlerin über, den er als einzige Erinnerung an seine leibliche Mutter stets bei sich trägt.

Während die beiden Loser-Geschwister die versprengten Reste der derangierten Zombie-Horde für die National-Islamistische Deutsche Linkspartei zu rekrutieren versuchen, macht sich der Anführer der Zombies (zufällig ist es der Zombie von Erich Honecker) an die Verfolgung des Drillings und des Kelpies. In einem Kampf auf Leben und Tod erwürgt der Kelpie den Erich-Honecker-Zombie mit dem Brautschleier. Kurz vor seinem (hoffentlich endgültigen) Dahinscheiden erzählt dieser dem Drilling, dass dessen Vater von einem Geheimbund, dem Bill Gates, Josef Ackermann und die Rothschilds angehören, versteckt gehalten wird, weil er als Wirtschaftsweiser die Formel für einen sozialistischen Kapitalismus entdeckt hat. Dabei könnte sich dann allmählich schon ein zartes Pflänzchen der erotischen Perversion zwischen Kelpie und Drilling entfalten.

(Bei uns im Ahlener Laberblatt stand nämlich, dass Wirtschaftsbücher boomen, weswegen wir unbedingt ein Wirtschaftsthema einbringen sollten. Ein bisschen wundert mich das ja, dass du das gar nicht mitgekriegt hast mit dem Boom der Wirtschaftsbücher, obwohl du doch die Frankfurter Buchmesse quasi vor der Haustür hast und sich der Boom der Wirtschaftsbücher schon bis zum Ahlener Laberblatt rumgesprochen hat.)

Einen schönen Sonntag noch.
Alba

Zeichen, Wunder und kelpieske Inspirationen

Liebe Alba,

es geschehen noch Zeichen und Wunder! Ich habe soeben gesehen, dass dein inzwischen ja doch schon etwas in die Tage gekommene »Maya-Kalender und der Weltuntergang« (http://www.satire-clips.de/?p=5179) heute 210! Mal gelesen wurde (Statistik als Screenshot anbei). Die Gründe dafür sind mir ein Rätsel. Ob wohl ob der aufgenommenen Arbeiten an unserem Bestseller schon erste Gerüchte in der Literatenszene kursieren?

Und den Plot dazu haben wir ja schon so gut wie stehen! Zumindest für den einen Teil des Hauptteils. Ich finde, wir sollten mindestens drei Erzählstränge alternierend darbieten und immer an den Stellen willkürlich von dem einen zum anderen springen, an denen es gerade spannend wird – damit hat Stephen King in den 80er Jahren einen Riesenerfolg gehabt!

Einen anderen Erzählstrang könnten die von Alkohol- und Drogenexzessen geprägten Abenteuer der beiden Loser-Drillinge auf ihrer zum Misserfolg verdammten Suche nach dem reichen Bruder sein. Ein weiterer Erzählstrang könnte in der Vergangenheit liegen. Vielleicht erzählen wir, wie die kleinen Racker aufgewachsen sind oder beleuchten ein wenig das frühere Leben des Kelpies oder beides.

Beim bisherigen Hauptplot habe ich allerdings noch einen logischen Fehler gefunden. Und zwar kann der Kelpie den Honecker-Zombie ja gar nicht mit dem Brautschleier erwürgen, da der Kelpie doch gar keine Hände hat, sondern nur Hufe und 'nen Fischschwanz. Da müssen wir aufpassen, dass wir mit solchen Logikfehlern nicht nachher die Glaubwürdigkeit der ganzen Geschichte gefährden.

Außerdem können Zombies nur durch einen Schuss in den Kopf bzw. eine Zerstörung des Gehirns getötet werden, und sie würden den Kelpie auch nicht in ihre Fänge nehmen, sondern zerstückeln und brutal roh auffressen. Wobei wir die letzten beiden Probleme ja durchaus lösen können, indem wir unsere eigene Zombiespezies erschaffen. Vielleicht haben diese ja eine rudimentäre Form von Intelligenz behalten und sind fähig zu Ackerbau und Kelpiezucht und außerdem erwürgbar?

Das muss eh noch genauer herausgearbeitet werden: Wie kam es zur Apokalypse und den Zombies – und woher stammt eigentlich unser Kelpie? Hier möchte ich vorschlagen, neben Wirtschaftsthemen (super Idee, so bieten wir Infotainment und die Leser lernen auch noch was bei unseren Abenteuern) auch umweltpolitische Themen mit aufzunehmen, da die uns ja die nächsten Jahre sicher begleiten und wir so auch 2020 oder 2030 noch immer aktuelle Themen drin haben!

Die Apokalypse könnte sich ja wegen unseres lasterhaften Umgangs mit der Umwelt ereignet haben. Die Meere sind über die Ufer getreten und haben die Atomkraftwerke kaputtgemacht und dann war alles verseucht. Dabei könnten sowohl die Zombies durch Verstrahlung entstanden sein, als sich auch der Kelpie herausgebildet haben. Aber daran können wir später noch arbeiten. Jedenfalls hätten wir dann schon mal die Themen Familientragödie, Abenteuer, Wirtschaft, Umwelt, Apokalypse, Zombies, Kelpie und sexuelle Perversionen drin. Letztes Thema würde ich aber noch gern etwas in Richtung Fetischismus ausweiten.

Und zwar hat Jenny letzte Tage von Tchibo eine Packung mit zwei schwarzen Klimastrumpfhosen mit Jojoba-Frischeausrüstung aus wärmespeichernden Meryl-Nexten-Hohlfasern mit nach Hause gebracht. Und da kam mir die Idee, wie wäre es denn, wenn der Kelpie einen Fetisch für schwarze Klimastrumpfhosen hätte und ohne diese an den Beinen gar nicht erst den Stall verließe? Das würde der Gestalt des mystischen Wesens ja auch eine viel grazilere Note im Erscheinungsbild verleihen. Die schwarzen Strumpfhosen bilden schließlich einen schönen Kontrast zum weißen Brautschleier!

Außerdem kann man das Ganze auch dramaturgisch gut nutzen. Vielleicht passen dem Kelpie ja nur die Klimastrumpfhosen mit Jojoba-Frischeausrüstung aus wärmespeichernden Meryl-Nexten-Hohlfasern von Tchibo und diese sind in der Postapokalypse gar nicht so einfach zu finden. Der Kelpie könnte daher phasenweise an Depressionen leiden und verzweifelt zu jedem verlassenen Tchiboshop galoppieren, in der Hoffnung noch eine letzte Packung der Klimastrumpfhosen mit Jojoba-Frischeausrüstung zu finden.

Und wer weiß, vielleicht gehört unserer hanseatischen Kaffeeröstereierbin ja zufällig auch Tchibo (ich glaube, früher gab's da auch Kaffee), sodass sie dem Kelpie im späteren Teil der Geschichte mit alten Warenlagerbeständen dabei helfen kann, seinen Fetisch und somit sein wahres Ich wieder ausleben zu können! Ich muss wohl nicht betonen, dass sich daraufhin der Kelpie gut auf eine leidenschaftliche Affäre mit der Kaffeeröstereierbin einlassen könnte, was dann zu Eifersucht beim Drilling führt, da der seine Ziehmutter natürlich nicht gern mit dem geliebten Pferdewesen vögeln sehen möchte.

Des Weiteren und unabhängig vom Obigen hätte ich gern noch einen Förster (oder zumindest den Sohn eines Försters) sowie einen Landarzt in der Geschichte. Oder wenigstens einen Frauenarzt (so einen wie Dr. Slamek Frank, der Arzt, dem die Frauen vertrauen). Und ein Zombie von Horst Tappert würde der Geschichte sicher auch nicht schaden.

Geruhsame Nacht
Slamek

P.S. Wir sollten übrigens die Magie der Betreffzeile künftig noch besser nutzen, damit wir auch später viele schöne Wortkonstruktionskombinationenüberschriften für die einzelnen E-Mails in unserem Roman haben. »Zeichen, Wunder und kelpieske Inspirationen« ist doch eine hübschere Überschrift als »Re: Re: Re: Re: Re: Re: Re: Re: Re: Re: Re: Re: Re: Re: Re: Re: Re: Re: Re: Re: Re: Der etwas längere Text«, oder?

Viele Rehe haben auch Magie

Lieber Slamek,

ich bin mir nicht ganz sicher, ob dies die Zeit für rückwärts gerichtete Erzähltechniken und nostalgische Reminiszenzen an die ZDF-Serienhelden unserer Kindheit ist. Frag doch mal die Leute auf der Straße, wer von denen Melmoth der Wanderer gelesen hat! Das war lange vor Stephen King und hatte sogar sechs Erzählstränge. So kurz vor der Apokalypse hat doch dafür niemand Zeit.

Und das ist meines Erachtens auch der Grund für die Absetzung der Serienklassiker im ZDF. Kaum hat man sich an die postnatale Depression der Frau des Landarztes gewöhnt, erkrankt dessen bester Freund an Krebs und wird daraufhin von der Sprechstundenhilfe verlassen, während der mit der besten Freundin der Landarztfrau verheiratete Dorfpolizist aufgrund deren im Zuge der postnatalen Depressionsgeschichte ans Tageslicht gekommenen Unfruchtbarkeit alle Zelte hinter sich abbricht und der um sich greifenden Kriminalität in Gestalt eines asthmatischen Hochstaplers, der die einen Gasthof betreibende Landarztschwiegermutter an den Rand des Ruins bringt, folgerichtig nicht Einhalt gebieten kann ... da blickt doch keine Sau mehr durch! Und die ganze Zeit geht der Maya-

Kalender seinem und dem Ende der Welt entgegen! Und du wunderst dich!

Zurück zur Apokalypse. Die ist wenigstens klar und zielgerichtet, nicht wie dieses ganze Landarzt-Förster-Gedöns. Die Apokalypse, finde ich, sollte aus dem Untergrund kommen, besser gesagt aus dem Abwassersystem. Einer unserer Kunden hat nämlich neulich prophezeit, dass die Welt wegen des Abwassersystems zugrunde geht, genauer gesagt wegen der ganzen Putzmitteln, die Frauen immer ins Abwassersystem kippen. Von den Putzmitteln verschleimt das Abwassersystem, und dann kann das Wasser ja nirgendwo mehr hin, und darum steigt der Meeresspiegel und überschwemmt Atomkraftwerke und die Brutplätze der Heckenbraunelle.

Der Kelpie könnte auch aus dem Abwassersystem kommen. Tiere im Handtaschenformat liegen ja derzeit stark im Trend, und der Kelpie könnte ein mutiertes Zwergpony sein, das bei einer Goldfischbeerdigung versehentlich mit abgespült wurde. Im Klorix-gesättigten Abwasser lösten sich die DNA-Moleküle der Haustierleichen auf, verschmolzen miteinander, und in der bakteriellen Nährlösung der Kläranlage entstand unheilvolles neues Leben von nie gesehener Monstrosität.

Aufgrund seiner anrüchigen Herkunft hat der Kelpie auch diesen Klimastrumpfhosen-Fetisch, der dann später in die sadomasochistische Hingabe an die Erbin des Klimastrumpfhosen-Imperiums mündet.

Die Zombies könnten militante Heckenbraunellen-Schützer sein, die vom schleimigen Abwassertsunami mitgerissen wurden, als sie gerade die Brutplätze der Heckenbraunellen vor der Durchfahrt eines Castor-Transportes schützen wollten. Der wird ebenfalls mitgerissen und verstrahlt die militanten Heckenbraunellen-Schützer. Einer versucht noch, das letzte Heckenbraunellen-Ei aus dem Nest zu retten, das dann aber vom Kelpie zertrampelt wird, was den Unmut der Zombies auf den Kelpie erklärt.

Du hast natürlich recht, was die korrekte Darstellung einer Zombietötung angeht. Ich habe da wohl wieder mal nicht ausreichend recherchiert, wofür ich mich entschuldige. Leider fällt mir im Moment keine schlüssige Lösung für das Problem ein. Eine eigene Zombiegattung, die mit Brautschleiern erwürgbar ist, hat so einen Touch von deus ex machina (womit wir wieder bei Stephen King wären, der eine solche literarische Wendung in einem seiner frühen Werke – mich deucht, es sei Misery gewesen – zu Recht anprangert.) Mist. Der blöde Kelpie kann ja mit seinen Hufen auch keine Pumpgun halten, mit denen er den Zombies die Köpfe wegschießt.

Vielleicht kann er den Brautschleier zu einer Spuckkugel kauen und dem Erich-Honecker-

Zombie damit das Hirn rausblasen? Oder wir machen so eine halbe deus ex machina-Lösung und greifen doch noch auf den Förster zurück. Der hat ja meistens ein Gewehr. Wie wäre es, wenn der Förster das kleine Kelpiefohlen damals bei der königlichen Wachteljagd aus der Kläranlage gefischt und in seiner Sickergrube großgezogen hätte?

Der Förster sollte übrigens mit jemandem in einer WG leben, der Demenz hat. Bücher über Leute, die mit jemandem zusammenleben, der Demenz hat, scheinen sich derzeit auch gut zu verkaufen. Anscheinend ist das auch wieder so ein Tabuthema, zu dem mutige Bücher geschrieben werden, weswegen das in unserem epochalen Werk auf keinen Fall fehlen sollte. Vielleicht lebt der Förster ja in einer schwulen Beziehung mit einem senilen Landarzt? Da hätten wir gleich zwei mutige Themen mit einer Klappe erledigt. Das sollten wir jedenfalls unbedingt noch ausarbeiten, bevor wir uns dem dreizügigen Handlungsstrang widmen.

Einen erholsamen Sonntag noch,
Alba

Schneeweiße hausfraueninduzierte Weltuntergänge und senile Homosexuelle im Wald

Liebe Alba,

ich weiß nicht, wie es sich gerade in NRW verhält, aber hier SCHNEIT es heute!!!!! Das bringt mich auf die Idee, in unserer Geschichte auch eine Schneelandschaft, als zugegebenermaßen etwas abgehalfterte Metapher für die Tristesse der Postapokalypse zu verwenden. Ich sehe schon vor meinem geistigen Auge den Kelpie (welche Farbe hat der eigentlich?) in seinen schwarzen Klimastrumpfhosen durch die weiße Einöde reiten, den zweieiigen Drilling auf der verzweifelten Suche nach seinem wirtschaftweisen Vater auf dem Rücken tragend! Die durchdringende Kälte der Schneelandschaft macht auch das Tragen der Klimastrumpfhosen mit Jojoba-Frischeausrüstung aus wärmespeichernden Meryl-Nexten-Hohlfasern noch nachvollziehbarer und sollte bei unserer sich vermutlich nach Stringenz sehnenden Leserschaft auf Zustimmung stoßen. Obwohl ein Klimastrumpfhosen-Fetisch ja eigentlich per se plausibel genug sein sollte. Aber sei es drum!

Die Entstehung der Apokalypse aufgrund der unsachgemäßen Nutzung von Putzmitteln durch die deutsche Hausfrau erscheint mir ebenfalls wie gemacht für unsere Belange. Da schwingt ja neben einem gewissen Kulturpessimismus auch die von mir gewünschte Umweltproblematik mit – die Hausfrau, die sich nach nichts mehr sehnt als nach Sauberkeit und dem weißesten Weiß, um so ihre unspezifischen Existenzängste mit der Illusion zu beruhigen, ihre unkontrollierbare Umwelt kontrollieren und in ihre spießbürgerlichen Wunschvorstellungen zwängen zu können, löst so unwillentlich und in bestem Gewissen letztlich den apokalyptischen Supergau aus! Das ist Dramatik pur und eine wunderschöne Metaphorik hinsichtlich der Unzulänglichkeit menschlichen Strebens.

Und dass die Zombies ursprünglich einmal militante Heckenbraunellenschützer waren, verleiht der Geschichte nicht nur zusätzliche Tragik, sondern auch eine nihilistische Note, die zwangsläufig an Nietzsche erinnert.

Vielleicht könnte das Klorix-gesättigte Abwasser, das die Atomkraftwerke wegspült, ja eine chemische Verbindung mit den verschiedenen radioaktiven Abfallprodukten eingehen, die während des Abwassertsunamis freigesetzt werden und so eine postapokalyptische Eiszeit begründen, z. B. indem eine riesige Uran-Tenside-Wolke nie gekannten Ausmaßes die Erde umwölkt und die Sonnenstrahlen davon abhält, die Erde weiterhin mit ihrer zarten Wärme zu liebkosen.

Das würde auch das Erscheinen des Försters plausibler machen. Denn der hat als einer von wenigen den Weltuntergang im Wald aufgrund seiner försterlichen Wildnis-Survival-Kenntnisse in einer Blockhütte zusammen mit seinem unter Demenz leidenden homosexuellen Landarztpartner annähernd unbeschadet überstanden und versucht nun im Wald sämtlichen Widrigkeiten und den Zombies zu trotzen. Mit seinen ganzen Gewehren und seiner Jagdausrüstung zur Wachteljagd kann er auch einigen Zombies den Garaus machen, ohne dass wir den Kelpie den Brautschleier zu einer Spuckkugel verarbeiten lassen müssen. Darin sehe ich nämlich neuerlich das Potenzial zu einer gewissen Unlogik: Sobald der Brautschleier nämlich verspuckt wäre, stünde der Kelpie ja nicht mehr unter dem Bann des nach seinem wirtschaftweisen Vater suchenden zweieiigen Drillings und würde diesen höchstwahrscheinlich auf der Stelle verspeisen wollen, womit wir vorzeitig einen unserer Hauptprotagonisten verlieren würden!

Zurück zum Förster: Da er den Kelpie, wie du richtig anführst, vor einiger Zeit als Fohlen aus dem Klorix-gesättigten Monstrositätenschlamm gerettet und aufgezogen hat, ist es auch nur logisch, dass der

Kelpie, nachdem er von dem zweieiigen Drilling ebenfalls vor den Zombies gerettet und mit dem Brautschleier von dessen Mutter (der Trampolinkünstlerin) gebändigt wurde, nun mit diesem auf seinem Rücken nach Hause, zu seinen homosexuellen Zieheltern im Wald, reitet.

Um die ganze Tragödie der Demenzerkrankung zu entfalten, könnte der senile Landarzt z. B. immer wieder vergessen, dass er eigentlich homosexuell ist und befremdet reagieren, wenn der Förster körperliche Nähe zu ihm sucht. Der muss ihn dann immer wieder an seine sexuelle Orientierung erinnern, was ihn Lebenskraft kostet und seine Liebe zu dem senilen Alten erkalten zu lassen droht. Die beiden könnten dann erst einmal eine Weile zusammen mit dem Kelpie und dem zweieiigen Drilling im Wald in der Hütte leben und dort einige Abenteuer zu bestehen haben, bevor sich der Kelpie mit dem Drilling letztlich weiter auf die Suche nach dessen Vater macht. Dem senilen Landarzt bricht der Aufbruch der beiden im ersten Moment das Herz, am nächsten Morgen kann er sich aber an nichts mehr erinnern.

Nachdem wir die Abenteuer, die die vier im Wald erleben noch etwas detaillierter ausgearbeitet haben, könnten wir uns dann den anderen Handlungssträngen widmen. Einer könnte ja wirklich die

Entstehungs- und Rettungsgeschichte des Kelpies im Zusammenhang mit dem Förster sein, die wir in Rückblenden einstreuen, bevor wir uns den beiden missratenen drogensüchtigen Loser-Drillingen auf ihrer sinnlosen Suche nach ihrem Bruder widmen und die Handlungsstränge gegen Ende wieder zusammenlaufen lassen. Unklar ist mir gerade lediglich, an welcher Stelle eigentlich die Kaffeerösterei-erbin ihrem Ziehsohn und dem Kelpie begegnet, sodass sie zweiterem mit den Strumpfhosen aushelfen und sich so die sadomasochistische Tragödie zwischen den beiden entfalten kann.

Schönes Restwochenende!
Slamek

Nur eine kranke Natur produziert epileptische Eisbären

Lieber Slamek,

hier schneit es nicht, dennoch wähne ich uns einer Klimakatastrohe nahe, denn obschon die Heizung wieder mal keine 18 Grad auf die Kette kriegt und ich mit dem blöden Holzofen zuheizen muss, damit mein Aquarienwasser nicht unter die dem Wohlbefinden der Zwerggarnelen zuträglichen 15 Grad absinkt, tanzen Mücken auf dem Balkon. Bestimmt sind das irgendwelche dem abtauenden Permafrost entwichene Urzeitmücken, die eine besonders fiese Art Wintermalaria übertragen und schon für das Aussterben der Dinosaurier verantwortlich waren. Und jetzt sind die hier!!! Auf meinem Balkon!!! Ich mache heute keinen Schritt vor die Tür.

Dabei wollte ich eigentlich heute Rad fahren und hatte mir deswegen extra eine Thermostrumpfhose gekauft. (Ich finde Klimastrumpfhosen-Fetische übrigens keineswegs plausibel. Und ich fühle mich sehr unwohl, wenn ich mit einer Thermostrumpfhose in der Hand bei Kaufland an der Kasse stehe. Das nur mal so nebenbei zur Plausibilität von Fetischen. Als seien Permafrost-Malariamücken noch nicht Bedrohung genug, nein, jetzt muss man sich auch noch dauernd fragen, ob einem nicht irgendein Bekloppter über den dunklen Kaufland-Parkplatz nachschleicht, um sich an der Thermostrumpfhose zu ergötzen.)

Zum Glück hat aber der Kater Verstopfung, und ich muss zu Hause bleiben und gucken, welches Tier was auf dem Katzenklo macht und bin so einigermaßen sicher vor Mücken und Fetischisten.

Auch aus dir wird wohl kein Naturkind mehr. Man muss ja wohl kein Trapper sein, um in einer postapokalyptischen Schneelandschaft eine derart prägnante Spur zu verfolgen wie die eines Kelpies in Klimastrumpfhosen! Die hanseatische Kaffeeröstereierbin und Herrin des Klimastrumpfhosenimperiums jedenfalls hat leichtes Spiel mit der Verfolgung des Sprösslings und seines unheilvollen Begleiters. In diesem erkennt sie unschwer Angelika wieder, das Zwergpony ihres Adoptivsohnes, das neben Hansi, dem Goldfisch, dessen einziger Freund während seiner entbehrungsreichen Kindheit im goldenen Käfig der Kaffeeröstereibranche war. Damit der Adoptivsohn in seine zukünftige Rolle als Kaffeeröstereichef hineinwächst und sie mehr Zeit für sich hat, hat sie Hansi heimtückisch mit einem Schuss Domestos um die Ecke gebracht und bei seiner Beisetzung Angelika gleich mit durch den Lokus gespült.

Nun ist Angelika untot und muss mit anderen Mitteln aus dem Verkehr gezogen werden, sonst ist der geruhsame Lebensabend der Kaffeeröstereierbin als Sextouristin in Namibia am Arsch. Da die hässliche alte Gräte über keinen Brautschleier verfügt, rafft sie alle Klimastrumpfhosen ihrer gewaltigen Warenlager in einem Rollköfferchen zusammen und macht sich an die Verfolgung des Ponywesens, bevor das noch von seinem alten Spielgefährten wiedererkannt wird und der Traum von willigen Eingeborenen an verschneiten Stränden ein für allemal ausgeträumt ist.

Auf einer Waldlichtung vor dem Forsthaus trifft sie zunächst auf den verwirrt herumirrenden senilen Landarzt, der gerade wieder mal vergessen hat, dass er schwul ist. Von mir aus kann es dann auch zu einer Szene mit rhythmischem Stöhnen kommen, so wie in der Stelle aus Shades of Grey, die du mir freundlicherweise am Telefon vorgelesen hast, damit ich mir den Mumpf nicht kaufen muss.

Mitten hinein in den Softporno kommt dann Angelika galoppiert, voller Schmerz über den Verrat des greisen Ziehvaters. Als sie jedoch das Rollköfferchen mit den Klimastrumpfhosen erblickt, kann sie sich der Obsession für den Fetisch nicht entziehen und verfällt vorerst der Macht der Klimastrumpfhosenrollköffercheninhaberin.

Angelika ist übrigens ein Falbe. So wie das letzte Pferd in der Apokalypse. Also der biblischen Apokalypse. Das weiße Pferd würde sich nicht ausreichend vom Schnee abheben, und das schwarze und das rote bilden keinen so hübschen Kontrast zu der Klimastrumpfhose. Wir können ja noch ausarbeiten, ob Angelika ein Maus-, Rapp-, Fuchs- oder gar ein Buttermilchfalbe ist.

Während sich all diese emotionalen und sexuellen Verstrickungen in der Beengtheit des Forsthauses andeuten, könnten wir dann auf die andere Erzählebene mit der Kindheitsgeschichte der beiden Loser-Drillinge überwechseln. Vielleicht an der Stelle, an der der dritte Drilling den Kelpie beim Vögeln mit seiner Ziehmutter erwischt und sich eine erste verschüttete Erinnerung an Angelika, die treue Gefährtin der trostlosen Kindheit, Bahn bricht. Das wäre, finde ich, gleich eine schöne Schnittstelle für den Kinofilm, den sie demnächst drehen werden, nachdem sie uns viel Geld für die Rechte bezahlt haben. An dieser spannenden Stelle wird der Leser uns bestimmt nicht abspringen, weil er ja wissen möchte, wie der Forsthaus-Porno weiter geht.

Parallel zur Kindheitsgeschichte der Drillinge sollten wir noch eine Eisbärengeschichte erzählen. Auf die Eisbären bin ich gekommen, weil in Fräulein Smillas Gespür für Schnee auch immer an den spannenden Stellen Eisbären kamen. Beziehungsweise Fräulein Smillas Erinnerungen an irgendwelche Eisbären. Eisbären sind ja auch die Botschafter der Klimakatastrophe und Sympathieträger.

Unser Eisbär ist ein Eisbärenjunges, das von seiner Mutter verstoßen und von einem bärtigen Eskimo aufgezogen wurde, dann aber während eines epileptischen Anfalls eine Eisscholle abbrach, auf der er davon getrieben wurde. Den Eisbären brauchen wir, um uns die Kaffeerösterin vom Hals zu schaffen, die als Strafe für ihre lebenslange Hinterfotzigkeit irgendwann im Laufe der Geschichte vom Eisbären gefressen wird.

Hast du bei der bisher entstandenen Fülle des Materials eigentlich schon mal daran gedacht, aus dem ganzen Mumpitz eine Trilogie zu machen? Das hat sowas Episches. Und es gibt dann auch drei Kinofilme!

Zukunftsorientiert,

Alba

Verstopfungen, falbische Wildtypallele & Transvestiten

Liebe Alba,

es freut mich zu lesen, dass dein Kater Verstopfung hatte und du so am Sonntag im sicheren Heim vor dich hin siechen konntest, ohne irgendwelchen Attacken urzeitlicher Mücken oder der Ahlener Perversenszene ausgesetzt gewesen zu sein! Der Schnee hat sich hier übrigens weitgehend wieder verzogen, was ich durchaus begrüße, auch wenn ich mich mit Abschiednahmen bisweilen etwas schwer tue. Zumindest hat er einen für unsere Geschichte nachhaltigen ideenstiftenden Beitrag geleistet, bevor er sich wieder aus dem Staub gemacht hat.

Sollte übrigens in unserem Roman einmal Langeweile aufzukeimen drohen, könnten wir auch die dem abtauenden Permafrost entwichenen Urzeitmücken von deinem Balkon durch den postapokalyptischen Winterwald düsen und Jagd auf unsere Protagonisten machen lassen. Vielleicht könnten die auch die hanseatische Kaffeeröstereierbin und Herrin des Klimastrumpfhosenimperiums jagen und um die Ecke bringen – so kämen wir evtl. noch um den epileptischen Eisbären herum. Andererseits sind Eisbären ja spätestens seit Knut auch sehr beliebt und könnten gut als Sympathieträger fungieren, zumal wenn sie der perversen – den Kelpie und den senilen Alten sexuell ausbeutenden – Erbin-Schabratze den Garaus machen! Den Eskimo kriege ich gerade noch nicht gut in die Geschichte, aber der ist ja vermutlich auch einfach in der Arktis geblieben, nachdem der Kleine seinen Anfall hatte.

Denkbar wäre aber auch, dass wir aus dem plötzlichen Tod der Kaffeeröstereierbin noch ein Krimielement für die Geschichte konstruieren! So wie bei Derrick. Denn einen Grund, die Alte aus dem Weg zu räumen, hätten ja eigentlich alle. Der Kelpie, weil er früher von ihr im Klo runtergespült wurde und nun sexuell von ihr ausgebeutet wird, der Drilling, weil sich die schmerzhaften Erinnerungen und der Verrat seiner Ziehmutter (Stichwort Angelika & Hansi) aus der Kindheit plötzlich schmerzhaft Bahn brechen, der Förster, weil die Alte mit seinem Lebensgefährten gepimpert hat – und der senile Landarzt, weil er in einem klaren Moment begreift, dass sie ihn verführt hat und er deswegen in eine schlimme sexuelle Identitätskrise rauscht (die er später wieder vergisst). Da könnte man die Motive aller gegeneinander ausspielen und bei den Lesern zusätzliche große Spannung erzeugen.

Was mich nur etwas verwirrt, ist, dass unser Kelpie nun plötzlich Angelika heißt und damit offenbar zumindest in der früheren Ponygestalt ja weiblicher Natur war. Ich hatte beim Kelpie bislang immer ein männliches Bild vor Augen und frage mich jetzt natürlich, auch in Anbetracht der Klimastrumpfhosen, ob es sich bei unserem Kelpie dann nicht eigentlich um einen Transvestiten handelt? Vielleicht so ähnlich wie Frank N. Furter aus der Rocky Horror Picture Show. Und zugleich ein Falbe? Bei Falben wird Wikipedia zufolge die Farbe übrigens durch das Wildtypallel auf dem Dun-Locus hervorgerufen, und von der Wortherkunft her deutet ein Falbe die Farben fahl, grau, blass, weißlich oder blassgelb an, was unsere Farbauswahl etwas einschränkt, wenn wir nicht unrealistisch werden wollen.

Aber hat der/die Kelpie denn nun überhaupt einen Eumel, oder muss ich mir die sexuellen Eskapaden mit der Erbin des Klimastrumpfhosenimperiums eher schwanzlos vorstellen? Das muss ich für mich erst mal geklärt kriegen, bevor ich den Plot wieder aufnehmen kann!

Mit recht verwirrten Grüßen
Slamek

Das Treiben der Eisbären in der provinziellen Fernsehlandschaft

Lieber Slamek,

vielen Dank für deine fürsorglichen Worte. Der Kater hat sich mittlerweile entleert, womit er sich bis zum Sonntagabend Zeit gelassen hat, sodass ich in der Tat den ganzen Tag ans kalte Haus gefesselt war. Inzwischen fluppt es aber wieder mit seiner Verdauung, was nicht nur für ihn eine große Erleichterung ist. Eine unschöne Eigenheit unserer feliden Hausgenossen ist die unverdrossen weiter betriebene Nahrungsaufnahme bei Obstipation, wodurch es zur eruptiven oralen Wiedergabe der halb verdauten tierischen Nebenerzeugnisse kommt, aus denen ein handelsübliches Katzenfutter in der Regel besteht. Ein ungelöstes Mysterium in der langen Geschichte des domestizierten Tieres ist die Frage, warum sich dieser Vorgang niemals auf den zahlreichen gefliesten Bereichen des zur Verfügung stehenden Wohnraumes abspielt, sondern grundsätzlich auf textilen Untergründen (Teppich, Couch, Lieblingspullover) seine Vollendung findet.

Doch überlassen wir die Antworten auf die großen Fragen der Menschheit den Philosophen. Beschäftigen wir uns stattdessen mit den Fragen verwirrter Geister. Du wirst dich bitte erinnern wollen, dass du sowohl zwischen dem Kaffeeröstereierbinnen-Drilling und dem Kelpie sowie zwischen der Adoptivmutter und dem Kelpie erotische Bindungen entwickeln wolltest. Da ist es doch wohl unausweichlich, dass der Kelpie ein Hermaphrodit ist. Das Homosexuellen-Thema haben wir ja schon mit dem Förster und dem Landarzt abgearbeitet, und wir wollen uns schließlich auch an eine heterosexuelle Leserschaft wenden. Der Kelpie ist auch nicht mit Angelika, dem Zwergpony identisch, sondern entstand aus der Verschmelzung von Angelika mit Hansi, dem Goldfisch, der über eine männliche DNA verfügte. Drum hat der Kelpie sowohl einen Eumel als auch eine Mumu und kann mit Mutter und Adoptivsohn geschlechtlich verkehren. Ganz einfach.

Außerdem will ich meinen Eisbär! Philipp Pullman hat eine sehr erfolgreiche Kinderbuchserie mit Eisbären gemacht, Knut haben sie jetzt ein Denkmal gesetzt, und ich habe eine Kaffeetasse mit Lars, dem kleinen Eisbären drauf. Eisbären SIND Sympathieträger, außer bei Fräulein Smilla, und Botschafter der Klimakatastrophe. Der Eisbär könnte doch so als Sinnbild der postapokalyptischen Neueiszeit ab und zu auf seiner Eisscholle vorbei treiben und am Ende dann die Bösen fressen.

Mir ist auch eingefallen, dass der wirtschaftsweise Drillingsvater den Eisbären großgezogen haben könnte und nicht irgendein namenloser bärtiger Eskimo, für den wir ja dann auch schon wieder einen Handlungsstrang entwickeln müssten, was auf die Dauer vielleicht doch zu viel des Guten wäre. Die geheime Weltverschwörung hält den Wirtschaftsweisen in einem vergessenen Nazibunker in Thule gefangen, und der Eisbär ist sein einziger Freund, bis er mit seiner Eisscholle abtreibt, um als Metapher in unserer Geschichte aufzutauchen. Dabei kann er gerne von Permafrost-Mücken umschwirrt werden, die aus dem Nazibunker ausgebrochen sind, wo sie in den Dreißigerjahren vom Ahnenerbe abgetaut wurden.

Was mich ein wenig befremdet, ist deine Vorliebe für abgenudelte ZDF-Serienklassiker. Eine Übersättigung der deutschen Fernsehlandschaft mit Kriminalthematiken ist ja nicht von der Hand zu weisen, aber glaubst du wirklich, dass man mit Derrick heutzutage noch einen Hering vom Teller ziehen kann? Viel zeitgemäßer ist doch ein urbaner Charakter, der in die Provinz strafversetzt wurde, nachdem die preisgekrönte Perserkatze seiner Vorgesetzten von der Russenmafia entführt wurde und bei der vergeigten Befreiungsaktion des urbanen Kommissars versehentlich in dessen Schusslinie lief.

Vielleicht solltest du doch ab und an mal Fernsehen gucken, damit du weißt, was heutzutage so alles läuft?

Am besten lässt du jetzt all diese Informationen erst mal auf dich wirken und findest deine Mitte.

Ich favorisiere übrigens nach wie vor den Buttermilchfalben.

Hilfreiche Grüße,
Alba

Hermaphroditenromanzen und übergriffige kapitalistische Insulaner

Liebe Alba,

jetzt, wo ich weiß, dass der Kelpie nicht nur ein Buttermilchfalbe, sondern ebenfalls ein mit Eumel und Mumu ausgestatteter Hermaphrodit ist, fühle ich mich schon etwas besser. Das erschloss sich mir bisher nicht in Gänze, ergibt aber Sinn und verwischt somit den größten Teil meiner Verwirrung. Das bedeutet dann ja farblich wohl, dass der Kelpie so eine Mischung aus weiß, cremefarben und gelb ist, oder? Da ich solch unmännliche Getränke wie Buttermilch in der Regel nicht zu mir nehme, kenne ich mich da nicht so gut aus.

Und auch wenn ich kein Philosoph bin und mich damit, wenn überhaupt, nur bedingt dazu eigne, Antworten auf die großen Fragen der Menschheit zu finden, glaube ich dennoch, dass deine Katzen nicht grundlos ihre halb verdauten tierischen Nebenerzeugnisse auf deine Teppiche und Pullover kotzen! Ich vermute dahinter durchaus eine Art kommunikatives Kalkül, genauer gesagt das Bestreben, den Wunsch nach mehr Aufmerksamkeit durch deine Person zum Ausdruck zu bringen! Die Katzen können sich ja phonetisch nur unzureichend für uns Menschen ausdrücken. Versuchen sie es, reagieren wir in der Regel mit Ignoranz und unzureichendem Verständnis für ihre Belange. Würden sie nun einfach erwartungskonform auf die Fliesen oder den PVC kotzen, müssten sie auch dabei wieder mit relativ wenig Aufmerksamkeit deinerseits rechnen, die du die ganze Chose, zwar mit wenig Begeisterung und leicht angesäuert, letztlich dich in dein Schicksal fügend mit dem Vileda-Wischmopp mehr oder weniger kommentarlos beseitigen würdest. Schon mal soweit gedacht?

Aber besser wieder zurück zu den Themen, die wirklich interessant sind: Die Verschmelzung von Angelika, dem weiblichen Zwergpony, mit Hansi, dem männlichen Goldfisch, in der Klorix-gesättigten Abwasserbrühe zum hermaphroditen Kelpie erklärt ja nicht nur die Zweigeschlechtlichkeit unseres vierbeinigen, tragischen Helden – die es ihm ermöglicht, sowohl mit der Kaffeeröstereierbin als auch mit dem Kaffeeröstereierbinnen-Adoptiv-Drilling adäquat geschlechtlich zu verkehren – sondern auch die Ausstattung seines Hinterteils mit einer gewaltigen Fischflosse.

Nachdem das nun geklärt ist, können wir uns wieder dem stringenten Handlungsverlauf widmen. Da du meine, durch abgenudelte ZDF-Serienklassiker inspirierten Anleihen beim klassischen Krimi ja recht kompromisslos vom Tisch argumentiert hast und wenig flexibel auf deiner Eisbärenidee verharrst, ist mir dazu eine Idee gekommen. Einige Eisbären sind ja, das ist wissenschaftlich bewiesen, heutzutage in der Arktis oder Antarktis, oder weiß der Geier, wo die überall leben, ebenfalls, vermutlich durch Umwelteinflüsse, zu Hermaphroditen mutiert. Drängt sich da nicht vielleicht eine weitere Romanze oder zumindest eine platonische Verbundenheit zwischen unseren beiden Zwitterprotagonisten auf? In der romantischen Variante könnten die beiden beim geschlechtlichen Verkehr sogar abwechselnd die beiden Geschlechterrollen übernehmen und mal der eine den anderen pimpern und wieder umgekehrt. Das würde für Abwechslung sorgen und dem Eisbären auch ein verständliches Motiv zur späteren Totbeißung der Kaffeeröstereierbin liefern; nämlich Eifersucht.

Vielleicht geht da aber auch was auf der Kumpelebene, um die sexuellen Verwicklungen nicht überzustrapazieren, z. B. wie in diesen Buddymovies. Vielleicht hängen die beiden ja gelegentlich einfach in der Hütte miteinander ab, schauen Fußball (alte Aufzeichnungen natürlich, da in der Zombieapokalypse ja vermutlich die Zombies nicht mehr Fußball spielen und die Überlebenden um ihr Leben kämpfen müssen), reißen ein paar politisch unkorrekte Witze über den senilen alten Sack oder spielen einfach eine Runde Skat oder Monopoly.

Können die beiden denn überhaupt sprechen? Besonders der Kelpie? Oder müssen sie sich stattdessen untereinander und mit den anderen eher durch Gebärden oder gar katzenähnlich zum Ausdruck bringen?

Wenn der Eisbär tatsächlich vom wirtschaftsweisen, verschollen geglaubten Vater in Thule aufgezogen wurde und sprechen kann oder über eine dezidierte Gebärdensprache verfügt oder vielleicht zumindest Buchstaben oder Symbole in den Schnee kotzen kann, dann könnte er dem Kelpie und dem Kaffeeröstereierbinnen-Adoptiv-Drilling ja so vom geheimen Aufenthaltsort des Vaters im verschollenen Nazibunker berichten, wo dieser von Bill Gates, Josef Ackermann und den Rothschilds – den Köpfen der geheimen Weltverschwörung – gegen seinen Willen gefangen gehalten wird, damit er ihnen die Formel für den sozialistischen Kapitalismus verrät, mit denen die Milliardäre ihre wirtschaftliche Vormachtstellung weiter ausbauen wollen. Von der Apokalypse und der damit einhergehenden Sinnlosigkeit ihres Unterfangens haben die Verschwörer und der wirtschaftsweise Vater in Thule, das ja doch eher abgelegen und isoliert im ewig kühlen Norden

Europas liegt, nämlich noch gar nichts mitbekommen!

Eisbär, Kelpie und Drilling könnten sich, nachdem sie vom Eisbären, wie auch immer, vom Verbleib des Vaters erfahren haben, auf den beschwerlichen Weg nach Thule machen, nachdem der Eisbär der Kaffeeröstereierbinstiefmutter den Garaus gemacht und der Kelpie sich den verbleibenden Klimastrumpfhosenvorrat unter den Nagel gerissen hat. Auf der Reise nach Thule könnten die drei dann weiteren Mutanten und natürlich Horden von Zombies begegnen, um ihr Leben kämpfen müssen und letztlich in Thule von Gates, Ackermann und Konsorten gefangen genommen werden. Natürlich glauben diese die Geschichte von der durch die unsachgemäße Entsorgung von Putzmitteln verursachten Zombieapokalypse erst einmal nicht – wer will es ihnen verdenken – und verwenden die drei – besonders natürlich den Drilling und den Eisbären – als Druckmittel, um den wirtschaftsweisen Vater endlich zur Kooperation zu bewegen.

An dieser Stelle könnte dann der Erzählstrang der beiden anderen Loser-Drillinge beginnen, die über irgendwelche Umwege während der Suche nach ihrem Bruder letztlich ebenfalls nach Thule gelangen und die drei Gefangenen sowie ihren leiblichen Vater aus den Fängen der kapitalistischen Verschwörer befreien. Vielleicht werden die beiden Loser-Drillinge während ihrer drogengeschwängerten Odyssee ja von einem Ermittler einer Antidrogenbehörde verfolgt, der nach seiner Strafversetzung in die Provinz schon vor der Apokalypse Jagd auf die drei gemacht hat und diese Jagd, auch wenn sie inzwischen keinerlei Sinn mehr macht, da die Welt von weit schwerwiegenderen Problemen als einigen ehemals drogenvertickenden Losern heimgesucht wird, bis heute fortsetzt mit dem Ziel, seinem Dasein wenigstens noch den Hauch eines geregelten Lebens zu verleihen, um an der Sinn- und Trostlosigkeit einer zombiebeseelten eiszeitlichen Postapokalypsewelt nicht zu zerbrechen. So hätten wir auch noch plausibel einen urbanen Charakter mit gebrochener Persönlichkeit mit drin, um den üblichen Fernsehgewohnheiten unserer Leser zu entsprechen und alles fügt sich schließlich zusammen. Was meinst du?

Inspirierende Grüße und ein schönes Wochenende
schickt und wünscht
Slamek

Abgehalfterte Charaktere und der Buttermilchkonsum

Lieber Slamek,

Buttermilch ist eigentlich genauso weiß wie normale Milch, nur brockiger, also in der Konsistenz an Katzenkotze gemahnend. Wieso du Buttermilch als unmännliches Getränk bezeichnest, verstehe ich nicht so ganz. Meine Kater jedenfalls trinken sehr gerne Buttermilch, die sie dann wieder über meine Pullover erbrechen, weil Katzen Laktoseintoleranz haben. Getränke zu sich zu nehmen, die anschließend erbrochen werden, halte ich für eine ausgesprochen männliche Eigenschaft. Ein derartiges Verhalten konnte ich auch schon sehr oft und mit ganz ähnlichen Folgen für meine Pullover bei männlichen Menschen beobachten.

Eine gleichsam unrealistische Beurteilung geschlechtsspezifischen Verhaltens spricht aus deiner Interpretation meiner häuslichen Situation. Abgesehen davon, dass mein Wischmop die Billigversion aus dem ehemals benachbarten, heuer untergegangenen Schlecker-Markt ist, lässt die Frau-Katze-Beziehung eine kommentarlose, ja gar leicht angesäuerte Beseitigung felider Verdauungsprobleme überhaupt nicht zu, sondern vollzieht sich vielmehr unter teilnehmendem: »Ach mein armes Baby, hast du ein Kötzerchen gemacht? Hast du aua Bauch? Ja was hat denn das arme Bäuchlein? Muss die Mama mit dir zum Tierarzt? Warst du denn heut schon auf dem Katzenklo? War dein Fressi nicht gut? Oder hast du Arsch schon wieder meine Schnürsenkel gefressen?!!«

An dieser Stelle möchte ich einen eleganten Schwenk von meinen kotzenden Katzen hin zur Breitenwirkung unserer Zielgruppenorientierung machen. Ich bin mit dir einer Meinung, dass wir uns mit allzu promiskuitiven Charakteren und ausufernden sodomitischen Orgien einen zahlungskräftigen Teil der Leserschaft vergraulen, nämlich all die Mädchen, die sich in der Post-Twilight-Ära in einem literarischen Vakuum befinden. Wenn der Kelpie und der Eisbär beide Hermaphroditen sind, könnten sie nicht nur gemeinsam Chips fressen und alte Paul-Breitner-Videos gucken, sondern auch Diättipps austauschen und einander intime Geständnisse machen. (Selbstverständlich können die sprechen. Kelpies labern ja in ihrer irischen Heimat auch die Wanderer voll mit ihren hinterlistigen Versprechungen, sonst käme doch keine Sau auf die bescheuerte Idee, sich einfach mal so eben auf einen im Wasser rumstehenden Gaul zu schwingen! Und der Eisbär hat das Sprechen von dem Wirtschaftsweisen gelernt. Darum sind Eisbären nämlich auch

Einzelgänger. Weil sie einen immer nur mit Börsennotierungen zutexten.)

Der Kelpie sollte sich also in irgendjemanden noch unerfüllt verlieben. Das ist natürlich schwierig für ein Wesen, dessen körperliche Besonderheit ja praktisch alles und jeden als Partner zulässt. Vielleicht wäre der abgehalfterte Drogenfahnder eine Option? In den Serienkiller-Psychothrillern, die ich lese, wenn ich nicht schlafen kann, sind die abgehalfterten Kommissare auch immer so gebrochene Gestalten, die durch berufliche Traumata wie die versehentliche Erschießung der Vorgesetzten-Perserkatze beziehungsunfähig geworden sind und fortan als einsame Wölfe durch traurige Eckkneipen ziehen. Dieses romantische Element sollten wir auf keinen Fall vernachlässigen!

Irgendwie schwingt in deinen Worten auch so eine gewisse Pikiertheit ob meiner ablehnenden Haltung zu ZDF-Serienklassikern mit. Bevor du dich also schmollend mit Buttermilch zuliterst und möglicherweise Jennys Lieblingspullover besudelst, möchte ich hier einlenken und für das große Zombie/Ackermann/Drillings/Drogenfahnder/Mutanten -Finale das Auftauchen eines Derrick-Zombies vorschlagen. Derrick hat sich, nachdem er dem tränenumflort »Mach's gut, Stefan« flüsternden Harry noch ein letztes Mal zu gewunken hat, ganz seinem

Hobby hingegeben, der Brutpflege der Heckenbraunelle, und wurde so auch zum Opfer des Tensidtsunamis. Harry hingegen hielt es ohne seinen Stefan nicht mehr aus in der Mordkommission und wechselte zur Drogenfahndung, bis ihm die Scheiß-Perserkatze vor die Wumme lief, die, wie sich dann herausstellte, auch gar nicht von der Russenmafia entführt wurde, sondern von zwei sich als die Russenmafia ausgebenden debilen Junkie-Drillingen in Lonsdale-Sweatshirts, die sich vom Lösegeld Crack kaufen wollten.

Ist das so in deinem Sinne? Einen frohen Novemberabend (November?? Scheiße, hattest du nicht irgendwann Geburtstag?) wünscht

Alba

Längst verstorbene Serienhelden, Hirnoperationen und zeitgemäß unglücklich verliebte Protagonisten

Liebe Alba,

besten Dank für die ausführliche Aufklärung darüber, wie sich das mit der Buttermilch und den getränkeintoleranten männlichen Wesen verschiedener Gattungen so verhält. Deine bildhafte Sprache trägt allerdings nicht dazu bei, dass ich in der näheren Zukunft eine andere Einstellung gegenüber Buttermilch oder gar eine Passion dafür entwickeln werde. Kann ich mir jedenfalls nicht vorstellen.

Wolltest du mir damit eigentlich durch die Blume mitteilen – da du ansonsten auf meine Fragen bzgl. der Farbe des Kelpiefalben nicht näher eingegangen bist – dass der Leib unseres Helden die Farbe von Erbrochenem hat?!

Wechseln wir lieber das Thema. Weg von Verdauungsstörungen, Intoleranzen und Körperausscheidungen – zurück zu unserem Plot: Zunächst mal hast du meine Idee, die Derrick-Figur in die Geschichte einzubetten, glaube ich, missinterpretiert bzw. ich habe mich wohl unklar ausgedrückt. Natürlich sollen weder Derrick noch Harry in unserer Geschichte als Charaktere auftauchen. Die sind ja schließlich Serienfiguren und existieren gar nicht real! Mit »Derrick« meinte ich eigentlich auch weniger die Krimifigur, sondern vielmehr den dahinter stehenden Schauspieler Horst Tappert. Ich denke halt manchmal zwei oder drei Schritte voraus und hatte schon die Verfilmung unserer Geschichte vor Augen.

Bei der Besetzung der Rollen musste ich dann unweigerlich an Horst Tappert, besser bekannt als »Derrick« denken, da dieser schon ungeschminkt und ohne jegliche Maskerade vor 20 Jahren zumindest stark zombieähnlich daherkam. Nun musste ich aber gestern leider von einem Freund erfahren, dass der gute Herr Tappert schon vor einigen Jahren verstorben ist, womit das Thema wohl vom Tisch ist. Schade, ich hätte ihm eine Rolle in unserem Film gegönnt.

Bleiben wir also lieber bei unserer Idee des heruntergekommenen, beziehungsunfähigen Drogenermittlerdetektivs, der den beiden Loser-Drillingen seit Jahren auf der Schliche ist und sich auch von Eiszeiten, Apokalypsen und Zombies nicht davon abhalten lässt!

Einig sind wir uns ja auch dahingehend, dass wir eine zu ausufernde Promiskuität unserer Protagonisten der Leserschaft nicht zumuten möchten. Insofern bleibt wohl nur die Buddy-Variante für unsere beiden hermaphroditischen Antihelden, die dann sowohl gemeinsam Jungszeugs als auch Mädchenkram unternehmen und sich entsprechend austauschen können. Das kann dann ja immer rasch wechseln, von Tampons, Rezepten und Diättipps zu sexistischen Andeutungen, Saufgeschichten und Fußballdiskussionen. Hier müssen wir entsprechend ambivalente Dialoge zwischen den beiden noch sorgsam ausarbeiten. Womit wir auch schon beim Thema ihrer Sprachfertigkeiten sind.

Erscheint mir beim Kelpie die Fähigkeit zu sprechen aufgrund seiner mystischen irischen Sagenherkunft noch halbwegs plausibel (obgleich er ja erst in der Kanalisationsbrühe zum Hybriden aus Pony und Goldfisch mutierte und meines Wissens weder Ponys noch Goldfische der deutschen Sprache mächtig sind), kann ich mir doch schwer vorstellen, wie der wirtschaftsweise Vater dem Eisbären einfach so das Sprechen beibringen konnte. Allerdings gefällt mir die Idee, dass der Eisbär zwischenzeitlich immer mal ungefragt und tourettemäßig Wirtschaftsweisheiten von sich gibt, wie »Dividende gut, alles gut« oder »Alles ist vergänglich. Nichts ist auf Dauer, weder eine Hausse noch eine Baisse.« Das bietet zum einen als Euphemismus Interpretationsspielraum für unsere Leser und könnte zum anderen auch für gelegentliche Konflikte zwischen Eisbär und Kelpie führen, etwa wenn die weibliche Seite des Kelpies ihm zwischenzeitlich vorwirft, dass er ihr ja gar nicht richtig zuhört.

Ausarbeiten müssten wir aber noch, wie der wirtschaftsweise Vater dem Bären das Sprechen beibringen konnte. Ich glaube, da bleiben fast nur zwei Möglichkeiten: Genmanipulation mit Stammzellen oder operative Eingriffe. Oder hast du eine bessere Idee? Vielleicht haben die Rothschilds dem wirtschaftsweisen Vater in Thule ja einen experimentellen Gehirnchirurgen an die Seite gestellt, der an dem Eisbären die entsprechenden Updates vorgenommen hat? Vielleicht ein direkter Nachfahre von irgendeinem Naziarzt, der dort im Bunker lebt? Möglicherweise, um dem Vater aufgrund seiner Einsamkeit einen Freund, mit dem er sich unterhalten kann, an die Seite zu stellen, und vielleicht war das Ganze ja auch ein Experiment, um zu überprüfen, welche wirtschaftliche Gesinnung ein Tier angeborenermaßen so mitbringt, um dem Geheimnis des sozialistischen Kapitalismus auf phylogenetischer Ebene auf die Schliche zu kommen? Eher kapitalistisch und auf Wachstum ausgerichtet oder eher kommunistisch und sich mit Stagnation begnügend, so wie früher in der Zone? Der Vater könnte ihm dann anschließend so einiges beigebracht haben.

D'accord bin ich übrigens auch mit der Wendung des unerfüllten Verliebtseins des Kelpies. Und wer würde sich da besser eignen, als ein abgehalfterter, beziehungsunfähiger, einzelgängerischer Ermittler, der den versehentlichen Mord an der Vorgesetzten-Perserkatze nicht verarbeiten kann und dessen Schuldgefühle unerträglich auf seinen Schultern lasten? Auf ihn könnte unser Kelpie seine sämtlichen unerfüllten Sehnsüchte nach Zweisamkeit, Beständigkeit und Verstandenwerden projizieren! Damit hätten wir vor allem für die pubertierende weibliche Leserschaft ein romantisches Element drin, mit dem sie sich identifizieren kann, da sie selbst in ihren verheirateten Klassenlehrer unglücklich verliebt sind.

Der Kelpie begegnet dem abgehalfterten Drogenfahnder das erste Mal in Thule, kurz nachdem er und der Vater und der Eisbär und der Kaffeeröstereierbinnendrilling von den beiden Loser-Drillingen befreit wurden, die dann wiederum noch in Thule von dem Drogenfahnder gestellt werden. Vielleicht erleidet dieser ja, nachdem er die beiden endlich gefunden hat, einen Nervenzusammenbruch, weil er feststellt, dass ihm nun gar kein Ziel mehr im Leben bleibt und ihm die Festnahme der beiden auch keinerlei tiefere Befriedigung verschafft hat. Der Kelpie könnte ihm dann mit seiner weiblichen Seite zunächst Trost und Zuversicht spenden. Da der abgehalfterte Fahnder anfänglich darauf mit Zuneigung reagiert, verliebt sich der Kelpie dann und hat die Hoffnung, dass er es mit der Zeit schon schaffen wird, den gebrochenen Perserkatzenmörder glücklich zu machen, der sich auf die Annäherungsversuche des Kelpies allerdings immer mehr zurückzieht, aufgrund seiner Angst vor Nähe.

Wir müssen uns dann nur überlegen, ob die beiden am Ende der Geschichte nach vielen Ungewissheiten und Seelenqualen des Kelpies doch noch zusammenfinden oder nicht. Ich glaube, sie müssen sich am Ende kriegen! In der Zwischenzeit kann sich der Kelpie mit seinem Klimastrumpfhosenfetisch und gelegentlichem seelenlosen Sex mit dem ein oder anderen Mutanten, dem er unterwegs begegnet, kurzzeitig Erleichterung verschaffen, nur um dabei um so mehr zu spüren, wie sehr ihm der beziehungsunfähige Einzelgänger, der ihm stets die kalte Schulter zeigt, doch fehlt. Ich glaube, das ist ziemlich zeitgemäß.

Viele Grüße
Slamek

Experimente mit Perserkatzen, Gehirnen und Salatschüsseln

Lieber Slamek,

wenn du dich mal ganz kritisch selbst reflektierst, meinst du dann nicht auch, dass du manchmal eine ganz geringfügige Neigung zum kleinlichen Herumreiten auf eher peripheren Details hast? Mach doch einfach einmal folgendes: Spring über deinen Schatten und nimm nach deinem Feierabendbier einen halben Liter Buttermilch zu dir, umarme ganz fest eine Salatschüssel und rufe dir das Bildnis von Horst Tappert vor dein geistiges Auge. Nach wenigen Minuten wirst du wissen, welche Farbe ein Buttermilchfalbe hat.

Vielleicht hättest du in deiner Jugend ab und an ein Wendy-Heft lesen sollen, dann müsstest du deine eklatanten Bildungslücken heute nicht auf die harte Tour schließen.

Ein schöner Einfall ist der experimentelle Gehirnchirurg im Nazibunker. Könnte nicht schon dessen Vorfahre den Auftrag gehabt haben, die DNA aus den vom Ahnenerbe geraubten Reliquien des heiligen Franziskus zu extrahieren, um sie Blondi ins Gehirn zu pflanzen, damit der Führer sich verstanden fühlte? Da Blondi ja bekanntermaßen im Führerbunker auf die Blausäureampulle beißen musste, kommt nun der Eisbär gerade recht. Wie es in der experimentellen Gehirnchirurgie nicht anders zu erwarten ist, geht das ethisch bedenkliche Experiment schief, und der Eisbär stößt fortwährend epileptische Wirtschaftsweisheiten aus. Das trübt zwar sein Verhältnis zum Kelpie in dessen weiblichen Laberphasen, beschafft ihm aber am Ende der Geschichte einen zukunftssicheren Job als Moderator der ARD-Börsennachrichten.

Mir fällt allerdings auf, dass wir vor lauter poppenden Tieren und apokalyptischen Mutanten ein wenig unsere drei Ausgangsprotagonisten aus den Augen verloren haben. Bevor also der Eisbär seine Fernsehkarriere startet und Kelpie und Drogenfahnder sich vor der Kulisse einer sich wie ein Hoffnungsschimmer über die postapokalyptische Schneelandschaft ergießenden Morgenröte ihre Liebe gestehen, sollte auch die familiäre Reunion von Drillingen, wirtschaftsweisem Vater und ukrainischer Trampolinkünstlerin erzählt werden.

Nachdem der Eisbär auf seiner Eisscholle Richtung Zombie-Apokalypse abgetrieben ist, hat nicht nur der wirtschaftsweise Vater seinen einzigen Freund im Nazibunker verloren, nein, auch dem experimentellen Gehirnchirurgen mangelt es fortan an Forschungsobjekten. Da das Franziskus-Experiment ohnehin nicht den gewünschten Aufschluss über die wirtschaftliche Gesinnung bei Tieren geliefert hat, ersinnt die Ackermann-Rothschild-Connection ein neues, perfides gehirnchirurgisches Experiment zur Realisierung ihres Traumes von der Weltherrschaft mittels eines sozialistischen Kapitalismus: Die Erschaffung des perfekten Arbeitssklaven in Form des Mensch-Perserkatzen-Hybriden! Gehirnzellen der Perserkatze – als Inkarnation westlich-kapitalistischen Hello-Kitty-Konsumdenkens – sollen der Insassin einer ukrainischen Irrenanstalt ins Gehirn gepflanzt werden, bevor dort der zerebrale Nachhall der sozialistischen Prägung endgültig gelöscht wird.

Bei der eilends herbei geschafften ukrainischen Irrenanstaltsinsassin handelt es sich natürlich um die drillingsmütterliche Trampolinkünstlerin, die nach dem traumatischen Verlust ihrer Kinder den Verstand verloren hat. So hätten wir dann beim großen Showdown alle wieder beieinander: Den ersten Drilling, der gemeinsam mit Kelpie und Eisbär nach dem wirtschaftsweisen Vater sucht; die Loser-Drillinge, die nach dem verlorenen Bruder suchen, damit der ihnen nach der gefloppten Perserkatzen-Entführung die Drogen finanziert; den abgehalfterten Drogenfahnder, der die catnappenden Loser-Drillinge sucht; sowie den wirtschaftsweisen Vater und die ukrainische Trampolinkünstlerin, die einander vor so langer Zeit verloren und unter so postapokalyptischen Umständen wieder gefunden haben. Der abgehalfterte Drogenfahnder könnte dann zum Schluss alle befreien, auch die für das Hybridexperiment vorgesehenen Perserkatzen, wodurch sich sein Trauma lösen und er bereit für das zarte Pflänzchen aufkeimender kelpischer Liebe werden könnte. (Aber jetzt muss ich erst mal damit fertig werden, dass es Derrick in echt gar nicht gegeben hat.)

Desillusioniert,
Alba

Auch Apokalypsen schützen vor Liebe nicht

Liebe Alba,

was heißt denn hier »ganz geringfügige Neigung zum kleinlichen Herumreiten auf eher peripheren Details«? So geringfügig ist die gar nicht! Und irgendwer muss sich ja schließlich für einen plausiblen Handlungsverlauf in die Verantwortung nehmen. Wer will denn eine Geschichte lesen, in der Zombies unartgerecht dahingemeuchelt werden, Eisbären ohne Erklärung plötzlich Wirtschaftsweisheiten von sich geben oder gar Derrick wie aus dem Nichts auftaucht? Am besten noch mit Harry! Das kauft uns doch keine Sau ab!

Und auch wenn ich jetzt Gefahr laufe, neuerlich etwas analfixiert zu erscheinen: Eine Karriere als Moderator der ARD-Börsennachrichten kommt für den Eisbären auch nicht in Betracht! In einer Zombieapokalypse gibt es schließlich keine öffentlich-rechtlichen Sendeanstalten mehr, die sind ja alle zombifiziert oder von Zombies zerfleischt worden. Du musst dich, was all das anbelangt, echt mal auf den neuesten Stand bringen und z. B. das Remake von Dawn of the Dead oder die Serie The Walking Dead anschauen. 28 Days later könnte auch lehrreich für dich sein. Und mir mit Wendy-

Heften und Bildungslücken kommen, die ich mit Buttermilchkotzen schließen soll. Pah!!

Elegant und absolut logisch hingegen finde ich die Integration der in einer ukrainischen Irrenanstalt dahinsiechenden drillingsmütterlichen Trampolinkünstlerin zu Zwecken eines wissenschaftlich-experimentellen Missbrauchs durch den Naziarzt, dessen Vorfahr schon für den Führer persönlich höchst unethisch anmutende fehlgeschlagene Experimente durchgeführt hat. Hier müssen wir lediglich noch ausarbeiten, wie das Wiedersehen mit den verschollen geglaubten Kindern genau vonstattengeht und welche psychischen Auswirkungen das auf die – zu diesem Zeitpunkt bereits mit Perserkatzengenen verunreinigte – leibliche Mutter hat.

Vielleicht erkennt sie ihre Sprösslinge ja zunächst an einem unabänderlichen körperlichen Merkmal, wie einem Muttermal, das alle wie ein Zeichen göttlicher Fügung auf dem Unterarm tragen. Ein Muttermal in Form eines Trampolins – wenn das nicht eine zu profane Symbolik darstellt. Sie beginnt daraufhin zu schnurren. Außerdem müsste der wirtschaftsweise Vater ja seine inzwischen durchgedrehte Exfrau ebenfalls spätestens dann wiedererkennen, wenn sie von der Ackermann-Rothschild-Connection nach Thule eingeflogen wird. Es sei denn, sie ist zu gezeichnet von all den ukrainischen Elektroschocktherapien und zu aufgedunsen von den Unmengen an Serotonin-wiederaufnahmehemmern, die man ihr in all den Jahren verabreicht hat. Vielleicht sagt er aber auch erst einmal nichts, weil er ihr noch nachträgt, dass sie ihn einst für einen mittellosen tschetschenischen Feuerschlucker verlassen und die gemeinsamen, zum Zeitpunkt der Trennung noch ungeborenen Kinder anschließend beim Trampolinspringen verloren hat, und das zarte Flämmchen wiederaufkeimender Liebe züngelt erst später? Vielleicht redet der Eisbär dem Vater als Freund ja ins Gewissen oder das Wiedersehen mit seinen drei Söhnen erweicht ihm das Herz.

Der Eisbär erkennt jedenfalls in dem genextrahierenden Naziarzt seinen Peiniger von einst wieder, zieht diesen, von Rachegelüsten beseelt, zur Rechenschaft und nötigt ihn, die Experimente an der Trampolinkünstlerin rückgängig zu machen, wobei er phasenweise unwillkürlich Wirtschaftsweisheiten von sich gibt, was wiederum den Vater erfreut, der inzwischen in dem Eisbären einen adäquaten Ersatz für seine verloren geglaubten Söhne gefunden hat. Nachdem der Naziarzt die Trampolinmutter behandelt und halbwegs wiederhergestellt hat – erst dann ist sie in der Lage, ihre Kinder richtig wiederzuerkennen und sie in ihre Arme zu schließen – wird er von der ganzen Sippschaft zur Strafe auf eine Eisscholle gesetzt und treibt Richtung Zombieapokalypse, wo er halb verhungert im vereiszeitlichten Wald von einem senilen Landarzt entdeckt wird, der ihn mit nach Hause nehmen will, dann aber den Weg zum Forsthaus vergessen hat, sodass die beiden im Schnee erfrieren und der Förster fortan allein sein tristes Dasein fristen muss. Diesen Strang erzählen wir kurz vor der Wiedervereinigung der Familie in Thule, sodass das Happy-End im Kontrast dazu noch stärker wirkt und die Tränen der Leserschaft sich entsprechend Bahn brechen können.

Unklar ist mir lediglich noch, warum die Loser-Drillinge eigentlich ausgerechnet die Perserkatze der Vorgesetzten des Drogenfahnders entführt haben. Die wird ja als Beamtin nicht so sonderlich wohlhabend gewesen sein. Ich nehme daher an, sie wollten so die Herausgabe von etwas schwarzem Afghanen und einigen magic-mushrooms aus der Asservatenkammer der Drogenfahndung erzwingen, um weiterhin ihrem Drogenkonsum frönen zu können. Aber die Geschichte der beiden müssen wir ja eh erst noch entwickeln, sodass sich das sicher genauso gut wie alles andere kohärent zusammenfügen wird. Gut gefällt mir jedenfalls schon einmal die Lösung des Traumas des Fahnders durch die Befreiung der für die Experimente durch den Naziarzt vorgesehenen Perserkatzen und die dadurch entstehende Möglichkeit, dem klimabestrumpfhosten Kelpie endlich mit offenem Herzen gegenübertreten zu können.

Mit Tränen in den Augen
Slamek

Die Plausibilität des frechen Mädchens

Lieber Slamek,

du alte Heulsuse. Oder, wie mein Auszubildendes sagen würde: Pussy! Abgesehen von deinen zwanghaften Fixierungen auf Details (und anale Themen, wobei ich jetzt mal die Assoziationen nicht hinterfrage, die du diesbezüglich mit zombieapokalyptischen Börsennachrichtenmoderatoren entwickelst) musst du unbedingt anfangen, an deiner Kritikfähigkeit zu arbeiten. Wie bitteschön willst du reagieren, wenn wir zum Remake des Literarischen Quartetts eingeladen werden und die Zombies von Karasek und Reich-Ranicki bemängeln die unästhetische Erotik unseres herumvögelnden Kelpies? Wenn du jetzt schon losgreinst, nur weil ich mal eine zarte Andeutung bezüglich deiner Erbsenzählerei mache?

Es gibt übrigens ganz viele Leute, die Bücher über sprechende Eisbären kaufen, ohne dass sich deswegen gleich ein vielstimmiger Klagechor ob der Unplausibilität einer solchen Fabulisierung erhoben hätte. Zu denen gehörst du offensichtlich nicht. Aber mir meine mangelnde Bildung bezüglich korrekter Zombiedezimierung vorhalten! (Heißt es nicht übrigens SEAN of the Dead? Den hab ich nämlich wohl gesehen, und da wurden die Zombies zum Schluss einfach im Gartenschuppen an der Kette gehalten und kriegten Koteletts vorgeworfen.)

Ansonsten bin ich mit dir einigermaßen d'accord, was die Drillings-Wirtschaftsweisen-Trampolinkünstlerin-Reunion angeht. Zwei Punkte würde ich jedoch lieber anders gestalten. So missfällt mir die Darstellung unserer mütterlichen Heldin als Schlampe, die bei Nacht und Nebel den Vater ihrer ungeborenen Brut für einen tschetschenischen Feuerschlucker verlässt. Da passt die Charakterzeichnung einfach nicht. Ein flatterhaftes Flittchen, das sich vom billigen Budenzauber eines tschetschenischen Feuerheinis blenden lässt, entwickelt keine so starke mütterliche Bindung an die Kinder des von ihr verlassenen Wirtschaftweisen, dass der Verlust der Sprösslinge derart traumatische und weitreichende Auswirkungen auf ihre Psyche hat. Ich fände es daher stimmiger, wenn der Wirtschaftsweise nach der drillingserzeugenden ersten gemeinsamen Liebesnacht den Armen seiner noch schlafenden Geliebten von den Schergen der Rothschild-Ackermann-Connection entrissen wurde. Als sie erwacht, ist er fort, und der Schmerz über dieses schnöde, ihr unverständliche Verlassenwerden sowie die Erkenntnis, dass ihre liebevolle Hingabe nicht ohne Folgen geblieben ist, treiben sie dem tschetschenischen Feuerschlucker in die Arme.

Dessen Mittellosigkeit lässt bald in ihm den bösen Plan reifen, die heranwachsende Drillingsbrut einem miesen RTL-Scout zu verkaufen, der eine Dokusoap über unfruchtbare Paare plant. Die Verabreichung eines tschetschenischen Kräuterschnapses führt zur Sturzgeburt während der Trampolindarbietung. Den ganzen Kladderadatsch kann das wiedervereinte liebende Paar sich dann erzählen, während die romantische Morgenröte den Kelpie und den Drogenfahnder wärmt.

Der zweite Punkt, an dem ich einen Änderungsvorschlag anbringen möchte, ist das Gender Mainstreaming unserer Drillinge. Wenigstens einer von denen sollte ein Mädchen sein, und zwar ein freches Mädchen. Freche Mädchen sind nämlich sogar ein eigenes literarisches Genre. Das freche Drillingsmädchen trägt eine Pudelmütze und viel Kajal und haut andere Mädchen, weil die provozierend geguckt haben. Darum wird das freche Mädchen zu einem therapeutischen Streichelkurs in einer sozialen Einrichtung verurteilt, für den unter anderem die Polizeipräsidentin ihre preisgekrönte Perserkatze zur Verfügung gestellt hat. Du magst sicher recht haben, was die prekäre finanzielle Lage abgehalfterter Drogenfahnder angeht, aber die Perserkatze gehört ja nicht dem Drogenfahnder, sondern der Polizeipräsidentin, die übrigens mit ihrer besten Freundin, einer hanseatischen Kaffeeröstereierbin, an einer Benefizveranstaltung für kinderlose Paare teilgenommen hat. Leider hat sie bei dieser Gelegenheit keinen herumfliegenden Drilling abbekommen und sich darum die Perserkatze angeschafft, die sie seither als Kindersatz hätschelt.

Dieses Zusammentreffen von überdurchschnittlichem Einkommen und fehlgeleitetem Muttertrieb lässt in dem frechen Drillingsmädchen die perfide Idee vom Perserkatzennapping keimen, das sie gemeinsam mit dem depperten Bruder als Tat der Russenmafia kaschiert. Ich hoffe, das ist für dich einigermaßen PLAUSIBEL?

Einen geruhsamen Samstagabend,
Alba

Unschlampeneltern und neurotische Mutantenmonstrositäten

Liebe Alba,

hier im Taunus ist's heute mit gefühlten 8 Grad unter null und an die 10 Zentimeter Neuschnee so dermaßen kalt und auf eine beschauliche Weise ungemütlich (zumindest draußen), dass ich mich bei gleichzeitigem Blick auf die Nachbarn, die im Nebenhaus ihre unansehnlichen Körper auf nicht minder unansehnlichen Sportgeräten abmühen, schon selbst in der eiszeitlichen Zombieapokalypse wähne. Ideal also, um unseren Plot weiterzuspinnen – und um dir zunächst ein wenig die Leviten zu lesen.

Was soll denn wohl Heulsuse und Pussy heißen?! Ich muss doch sehr bitten ... Zur Aufklärung für dich und unsere vielleicht mitunter etwas ungebildeteren Leser zum Sachverhalt »anale Themen«: Ich kann dich zunächst beruhigen, dass weder zombieapokalyptische Börsennachrichtenmoderatoren, im Wald lebende, demente Homosexuelle noch sonstige eiszeitliche Mutanten in mir analthematische Assoziationen wecken. Der gute, alte Freud hat vielmehr einmal mit seiner Theorie der analen Fixierung – und von nichts anderem war die Rede – einen Erklärungsansatz für pedantisches und zwanghaftes Verhalten im Erwachsenenalter geliefert, welches du mir bar jeden Anlasses in einem vermutlich latent passiv-aggressiven Impuls unterstellt hast! Zu einer analen Fixierung (und einer späteren pedantischen Persönlichkeit) kommt es nach Freud übrigens dann, wenn es in der Kindheit in der analen Phase (das ist die Zeit, in der du mit großer Begeisterung die Verschlussfähigkeit deines Enddarms für dich entdeckst, lernst, diese zu kontrollieren, und daraus großen Stolz sowie erste Gefühle von Machtgenuss ziehst) zu einer Nichtbefriedigung der für diese Phase typischen Bedürfnisse kommt (welche das auch immer genau sein mögen). Das führt laut Freud dann zur analen Fixierung – also zum Stehenbleiben auf dieser analen Entwicklungsstufe. Wenn ich mich richtig erinnere, kann das zum Beispiel geschehen, wenn deine Eltern dich übertrieben streng dafür bestrafen, dass du dir in die Hose machst oder deine Exkremente als Knetgummi zweckentfremdest … Inzwischen ist diese Theorie zwar als Bullshit enttarnt worden und wohl eher auf Freuds perverses Menschenbild zurückzuführen – aber sie klingt halt so schön eingängig und ist eine der wenigen Theorien, an die ich mich noch aus meinem Studium erinnern kann.

Wir müssen das Thema aber auch nicht ausweiten, unsere Geschichte strotzt eh schon nur so vor lauter ekelhaften sexuellen Eskapaden Körperflüssigkeiten von sich gebender Mutanten. Jedenfalls schrieb ich lediglich, und das wollte ich mit dieser ausschweifend anmutenden Erklärung noch einmal zum Ausdruck bringen, während ich in deiner letzten E-Mail den ein oder anderen unlogischen Handlungsstrang zu entdecken glaubte, dass ich eventuell Gefahr laufe, neuerlich etwas »analfixiert« zu erscheinen, was also nichts weiter bedeuten sollte, als dass ich eventuell Gefahr laufe, erneut von dir als erbsenzählender Korinthenkacker verunglimpft zu werden. Aber Heulsuse oder gar Pussy ...?

SEAN of the Dead ist übrigens eine Persiflage auf DAWN of the Dead von George A. Romero, dem Großmeister der filmischen Zombieerzählkunst, und könnte dir daher die ein oder andere Halbwahrheit über Untote sowie einen angemessen Umgang mit diesen vermittelt haben. Im Zweifel solltest du also besser auf die Werke des Großmeisters selbst zurückgreifen oder dir die diesbezüglich wesentlich realistischere Fernsehserie The Walking Dead ansehen. Aber es ist ja vielleicht auch ganz gut so, dass wir beide über so verschiedenes Expertenwissen verfügen!

Du scheinst mir z. B. im Gegensatz zu mir ganz klar die Nase vorn zu haben, was zeitgemäße romantische Wendungen à la Rosamunde Pilcher betrifft – hast du das frühere Auseinanderbrechen der Beziehung unseres dreifachlebenspendenden Traumpaares doch jetzt schön auf äußere Einflüsse, nämlich die Entführung des Vaters in der ersten Liebesnacht durch die Handlanger der kapitalistischen Despoten, zurückgeführt, sodass weder die trampolinspringende Frau Mama noch der Wirtschaftsweisheiten verbreitende Vater als verantwortungslose Schlampen und Taugenichtse dastehen müssen und somit die Plausibilität für eine Wiedervereinigung der beiden in Thule nicht nur erhöht, sondern praktisch unabwendbar gemacht. Perfide und genial! Sobald die Ukrainerin die Wahrheit kennt, fällt sie dem Wirtschaftsweisen in die Arme, was selbst dem Eisbären die gefrorenen Tränen in seine rührseligen Teddybäraugen treibt!

Auch gegen die Geschlechteraufteilung in männlich und weiblich unserer beiden Loser-Drillinge habe ich nichts einzuwenden. Badgirlpower klingt gut! Und so haben wir auch gleich ein biblisches Element mit drin, da die Odyssee der beiden Erinnerungen an die Geschichte von Adam und Eva weckt. Was damals der Apfel war, sind heute Hasch und Amphetamine, die die beiden vom rechten Weg abbringen. Außerdem bringt die Zweigeschlechtlichkeit der beiden Protagonisten neue Möglichkeiten für den Handlungsstrang ihrer abenteuerlichen Reise, die sie letztlich nach Thule führt. Vielleicht wird die Schwester ja unterwegs von dem ein oder anderen Mutanten vergewaltigt oder es liegt zumindest die Bedrohung einer Vergewaltigung in der Luft, sodass der Loser-Drillingsbruder das erste Mal in seinem Leben Verantwortung für einen anderen Menschen übernehmen muss und sich unter Einsatz seines Lebens für seine Loser-Drillingsschwester einsetzt, um sie entweder vor der sexuellen Inanspruchnahme durch die Mutanten zu retten, oder um sich anschließend zumindest an den Mutanten zu rächen und den weißen Schnee mit einer Spur blutroter Vergeltung zu tränken. Das lässt ihn menschlicher und sympathischer erscheinen!

Einige Mutanten, denen die beiden sowie der Kelpie samt Drilling und Eisbär unterwegs begegnen, sollten wir im nächsten Schritt entwickeln. Das können einige gute Mutanten sein, die nichts Böses im Schilde führen, und einige abgrundtief böse Mutanten, marodierende und brandschatzende Monstrositäten. Außerdem einige ambivalente Mutanten, damit wir nicht in eine zu eindimensionale Gut-Böse-Charakterzeichnung verfallen. Das wird sonst rasch langweilig. Einigen Mutanten begegnen nur die beiden Loser-Drillinge, einigen Mutanten begegnen nur der Kelpie und seine Gefährten. Und einigen Mutanten begegnen beide Gruppen!

Außerdem hätte ich gern einige neurotische Mutanten dabei! Das finde ich in einer eiszeitlichen Apokalypse nur plausibel, wenn man sich einmal anschaut, wie viele neurotische Menschen selbst in präapokalyptischen und eigentlich sicheren Zeiten unsere Straßen bevölkern! In einer Zombieapokalypse können die Neurosen also logischerweise nur zunehmen, und es müsste eigentlich vor Borderlinemutanten, Mutanten mit Zwangsstörungen, Tourette-Mutanten und Mutanten mit Angststörungen und Depressionen nur so wimmeln!

Vielleicht kommen dir ja da spontan erste Ideen? Ich wünsche einen schönen Restsonntag, möglichst wenige Erfrierungen und werde gleich im Garten einen Bio-Schneemann bauen!

Viele Grüße
Slamek

Populärwissenschaftliche Chorknabenerklärbären

Lieber Slamek,

ich finde es immer total niedlich, wenn du den Erklärbär gibst und umständlich stundenlang um Sachverhalte herumdozierst, die du dann auf so einfache und auch für Nichtabiturienten und Privatfernsehkonsumenten verständliche Formeln wie anale Fixierung = Korinthenkacker bringst. Dieses verschüttete Halbwissen aus deinen achtundzwanzig Semestern Psychologiestudium solltest du unbedingt reaktivieren, um unseren bahnbrechenden Roman um eine populärwissenschaftliche Ratgeberkomponente zu bereichern! Die Unzahl an neurotischen Mutanten bietet da ja ein gewisses Potenzial zur ungehemmten Entfaltung deiner profunden Fachkompetenz.

Zum Warmwerden darfst du dich vorab schon mal mit einer weiteren passiv-aggressiven Trotzhaltung meinerseits beschäftigen und mir erklären, woher a) auf einmal die ganzen Mutanten kommen und wieso b) sie sich in gute, böse, neutrale und neurotische Mutanten unterteilen? Sind das sowas wie die vier Jungschen Mutanten-Archetypen? Ich muss leider eine weitere Bildungslücke eingestehen und mich des unverzeihlichen Versäumnisses bezichtigen, nicht nur Dawn of the Dead, sondern auch X-Men nicht geguckt zu haben. Mein Versuch, diesen Mangel durch einen Besuch auf der Wikipedia-Seite zu beheben, führte zu der, wie ich finde, sehr unzulänglichen Erkenntnis, dass ein Mutant ein genetisch verändertes Lebewesen, eine Science-Fiction-Serie oder aber ein Chorknabe im Stimmbruch sein könne.

Die Vorstellung von rudelweise durch die postapokalyptische Schneelandschaft irrenden Chorknaben, die im Zuge des Stimmbruchs allerhand neurotische Störungen entwickelt haben, ist zweifelsohne sehr charmant, dennoch habe ich die vage Vermutung, dass dir eher die genetisch veränderte Lebewesen-Variante vorschwebt. Was für mich – und hier darfst du von mir aus gerne die erbsenzählende Retourkutsche vorüber rollen lassen – die Frage aufwirft, wer die mutierten Lebewesen vor ihrer Mutation gewesen sind und was sie hat mutieren lassen. Sind auch sie dem Abwasser-Tsunami zum Opfer gefallen? Aber warum hat dieser aus den Heckenbraunellen-Schützern Zombies gemacht und aus den Lebewesen Mutanten?

Was die neurotischen Mutanten angeht, so wäre ich dafür, dass die schon vor ihrer Mutation neurotisch gewesen sind und vielleicht von dem Abwasser-Tsunami direkt aus ihrer letzten Therapiesitzung gespült wurden. Das dabei verschluckte Abwasser hat hierbei mit den von den neurotischen Lebewesen fleißig konsumierten Psychopharmaka reagiert und die Mutation zum Mutanten hervorgerufen. Und jetzt sitzen überall in der postapokalyptischen Schneelandschaft Mutanten im Kreis und erzählen sich ihre Lebensgeschichten, während von ferne ein Chor von Klageliedern aus den mutierten Kehlen stimmbrüchiger Chorknaben herüberweht.

Hier kommt dann wieder unser Loser-Drillingspärchen ins Spiel. Die überall herumsitzenden neurotischen Mutanten wecken bei dem frechen Mädchen die Erinnerung an die eigene Streicheltherapie und das damit verbundene Gefühl des Scheiterns bei der Perserkatzenentführung und lassen einen starken dissozialen Impuls entstehen. Das freche Mädchen haut den neurotischen Mutanten auf die Fresse, weil es keine andere Form der Konfliktlösung kennt. Der Drillingsbruder steht wie üblich doof daneben, bis auf einmal die Chorknaben angelaufen kommen, deren testosterongesteuerter Triebentfaltung bislang durch das stimmbruchdominierte Leben in klösterlicher Enthaltsamkeit Einhalt geboten wurde. In der postapokalyptischen Mutantenanarchie jedoch bricht sich der sexuelle Drang ungehemmt Bahn mit einer Urgewalt, von der selbst das freche Mädchen überfordert ist. In dieser Situation wächst der debil-dependente Bruder erstmalig über sich selbst hinaus und haut die Chorknaben mit den Ikea-Stühlen der Mutanten-Therapiegruppe aus den Chorgewändern. Dieses Erfolgserlebnis lässt ihn zum ersten Mal in seinem Loserleben so etwas wie Selbstbewusstsein entwickeln, und fortan haut er gemeinsam mit der Schwester den Mutanten auf die Fresse.

Wer ist eigentlich Rosamunde Pilcher, und was zum Henker ist ein Bio-Schneemann?

Voller Fragen,
Alba

Emotional stabile Mutanten und postapokalyptische Maniküre

Liebe Alba,

ich hoffe du bist bereits in einem vorweihnachtlichen Stimmungshoch und durch die ganzen Mutantenunklarheiten und dem ausgebliebenden vorgestrigen Weltuntergang nicht allzu sehr von deinem Weg abgekommen.

Da die Themen anale Fixierung, Erbsenzählerei und Korinthenkackerei inzwischen ausgiebig genug behandelt worden sein dürften und sich mir außerdem der Verdacht aufdrängt, dass wir uns diesbezüglich nicht allzu viel geben, möchte ich dich heute mal nur in einem Punkt belehren: Ich habe natürlich nicht achtundzwanzig Semester Psychologie studiert, es waren, trotz zwei Universitätswechsel, gerade mal zwanzig Semester! Ob das aber reicht, um unser Werk mit einer populärwissenschaftlichen Ratgeberkomponente zu befruchten, möchte ich zum jetzigen Zeitpunkt einmal offen lassen. Vermutlich schon, berücksichtigt man die übliche Qualität solch profunder Werke wie Hühnersuppe für die Seele oder Glücklich und erfolgreich in 14 Tagen mit Ihrem persönlichen Glücksbärchimantra.

Woher auf einmal die ganzen Mutanten kommen, hast du ja bereits hergeleitet. Dass sich im Stimmbruch befindende Chorknaben auch als Mutanten bezeichnet werden, war mir allerdings neu – aber Wikipedia muss es ja wissen. Diese neue Erkenntnis sollten wir unbedingt in der Geschichte berücksichtigen, wie du es ja schon getan hast. Und natürlich hat der Abwasser-Tsunami einen erheblichen Anteil an der plötzlich mutierenden Bevölkerung. Außerdem die dem Permafrost entwichenen Bazillen und Mücken sowie der tensidverseuchte ewige Schnee, in dem nun alle ihre kalte Existenz fristen müssen. Einige Menschen mutierten so zu Zombies, andere Menschen eben zu anderen Formen unheilvollen Daseins. Warum auch nicht?

Die Aufteilung der zuletzt genannten Gruppe in gute, böse und neurotische Mutanten entspricht nach meinem Dafürhalten schlichtweg einer gaußschen normalverteilten Mutantengruppe in der Postapokalypse. Also ähnlich den Menschen in der Präapokalypse.

Natürlich kann ein erheblicher Anteil der neurotischen Mutanten auch bereits vor ihrer Mutation neurotisch gewesen sein – und eine chemische Reaktion ihrer Antidepressiva mit dem im Abwassertsunami erhaltenen mannigfaltigen Substanzenpotpourri erscheint nur logisch.

Vielleicht sind durch die Mutationen und vor allem durch die Erkenntnis, zu einem Mutanten geworden zu sein, aber auch bei einigen einst emotional stabilen Persönlichkeiten erst postmutativ neurotische Tendenzen entstanden. Stell dir mal vor, dir wächst in Folge der Apokalypsenmutation plötzlich ein zusätzlicher Finger, ein drittes Auge, ein Penis, oder du entwickelst plötzlich die Fähigkeit, Gedankenfragmente anderer Mutanten in deinem Kopf zu hören oder Stubenfliegen mit deiner bloßen Gedankenkraft im Kreis fliegen zu lassen – da kannst du schon mal neurotisch werden, oder nicht? Mir würde es jedenfalls so gehen. Die meisten Mutanten waren also vor der Apokalypse entweder ganz normale, emotional stabile Menschen mit ganz normalen Jobs, wie Account Manager, Groß- und Einzelhandelskauffrau oder Diplom-Psychologe – oder bereits verhaltensauffällige und sich in Therapie und/oder Hartz IV-Bezug befindende Versager, die inzwischen zu Postapokalypsemutanten geworden sind. Wieso gerade die Heckenbraunellen-Schützer Zombies wurden und andere Menschen andere Mutanten kann ich dir auch nicht beantworten. Vielleicht lag das aber einfach an gewissen Genkonstellationen, die die Heckenbraunellen-Schützer gemeinsam hatten, weshalb sie überhaupt erst zu militanten Heckenbraunellen-Schützern wurden. Ein bisschen was sollte auch noch der Phantasie unserer Leser überlassen werden.

Nachdem unser Loser-Drillingspärchen den testosterongesteuerten und jeglicher Triebimpulskontrolle verlustig gegangenen Chorknaben den Garaus gemacht und einigen weiteren, eigentlich unschuldigen neurotischen Mutanten das Hirn zu Brei geschlagen hat, werden die beiden von einer Gruppe besonders gefährlicher und mit angsteinflößenden Spezialfähigkeiten ausgestatteten Mutanten verfolgt, die auf Rache sinnen. Einer dieser besonders gefährlichen Mutanten will nämlich seinen Bruder rächen, den die beiden am Heiligen Abend grundlos während einer seiner Therapiesitzungen so dermaßen auf Maul gehauen haben, dass er seine individuelle besondere Mutantenfähigkeit eingebüßt hat – die Fähigkeit, anderen Mutanten allein Kraft seiner Gedanken eine Maniküre zu verpassen, was in der Gruppe dafür sorgte, noch den Hauch der Illusion einer intakten Kulturgesellschaft aufrecht zu erhalten und ihm außerdem ein gewisses Ansehen unter seinesgleichen bescherte.

Nachdem er seine Mutantenfähigkeit verloren hat, fühlt er sich gänzlich nutzlos und entscheidet sich für den Freitod. Sein Bruder und der Rest seiner Therapiegruppe machen daraufhin erbarmungslos Jagd auf die Loser-Drillinge und treiben sie mit ihren Fähigkeiten, denen die beiden nicht gewachsen sind, immer weiter Richtung Thule, wo sie schließlich, nachdem es ihnen gelungen ist, die Mutanten auf eine falsche Fährte zu führen, dem Rest ihrer Familie begegnen. Wie genau die Jagd vonstatten geht, wie die beiden entkommen und wie die Mutanten sich letztlich mit ihren eigenen Spezialfähigkeiten im Wege stehen, arbeite ich beim nächsten Mal noch sorgfältig aus. Falls du bis dahin Ideen hast, welche unglaublichen Fähigkeiten der ein oder andere Mutant haben sollte, greife ich das natürlich gern auf.

Weihnachtlich gestimmt
Slamek

Eierschalensollbruchstellenverursachertomtoms auf galoppierenden Ikea-Stühlen

Lieber Slamek,

gäbe es in meinem Dasein auch nur ansatzweise so etwas wie ein Ziel und einen Weg, der dorthin führt, so sei versichert, dass ich mich nicht durch religiöse Lappalien wie Weltuntergänge oder Weihnachten (wenn man Heiligabend mit dem Auto zur Arbeit muss, scheint beides sich nur sehr peripher voneinander zu unterscheiden) davon abbringen ließe. Du musst dir also diesbezüglich keine Gedanken machen.

Gedanken mache ich mir hingegen nach wie vor über diese Mutanterei, welche mir immer rätselhafter erscheinen will. Warum deucht es dich so folgerichtig, angesichts eines mit einem Mal vorhandenen zusätzlichen Körperteils eine Neurose zu entwickeln? Wenn man zum Beispiel versucht, in einer Küche, in der sich außer einem selbst auch noch zwei Kater befinden, einen Topf Spaghetti mit Tomatensauce zuzubereiten, kann ein zusätzlicher Arm eine überaus begrüßenswerte Entwicklung sein. Doof ist dann natürlich, dass man seine ganzen Jacken und Pullover wegschmeißen kann und immer gleich zwei Paar Handschuhe kaufen muss, von denen dann einer über ist.

Trotzdem möchte ich für mich behaupten, dass ich, sollte mir sowas widerfahren, die positiven Aspekte höher bewerten würde. Ganz zu schweigen von den positiven Aspekten eines über Nacht gewachsenen männlichen Geschlechtsorgans, für das ich sogar meinen dritten Arm hergeben würde! Für einen Penis muss man nicht mal Kleidungsstücke besorgen, die es noch nicht gibt, aber man wird besser bezahlt als weibliche Kollegen in derselben Position und hat viel weniger Probleme, wenn man schon drei Stunden mit dem Rad und einer Wasserflasche unterwegs ist und überall sind nur Stoppelfelder.

Wenn man es mal aus meiner Position betrachtet, ist es eigentlich ein richtiger Scheiß, in der präapokalyptischen Ära zu leben. Ich glaube nicht, dass die Mutanten in unserer Geschichte meine Lieblingsfiguren werden. Da entwickeln sie zusätzliche Körperteile und können mit Gedankenkraft Stubenfliegen dressieren, und was machen die? Die memmen rum! Ich bin sehr dafür, dass unsere Loser-Drillinge regelrechte Massaker unter diesen Weichwaden anrichten und sich Trophäen aus den abgehackten Mutanten-Zusatzkörperteilen basteln, die später die Grundlage für ein Imperium von

Karumpel-Läden bilden, so eine Art postapokalyptisches Nanu Nana.

Irrational wie die Mutanten sind, können sie auch in diesen doch eigentlich in ihrem Sinne geschehenden Amputationen nichts Positives erkennen und schließen sich der Verfolgertruppe um den rachsüchtigen Bruder des suizidalen Maniküre-Mutanten an. Dabei galoppieren sie übrigens auf Ikea-Stühlen durch den Schnee, weil sie sonst über ihre zweiten linken Füße stolpern würden (die Loser-Drillinge sammeln nur Körperteile, die die Regalhöhe der Karumpel-Läden nicht überschreiten, deswegen haben die Mutanten noch zwei linke Beine.) Wenn schon die menschliche Erdbevölkerung sich nach dem Abwassertsunami aus nach wie vor ungeklärten Gründen in Zombies und Mutanten aufteilt, dann können ja wohl auch Möbel auf einmal zu schneidigen Schneegaloppern werden, was ich mit dem Hinweis auf den gaußschen Weichzeichner begründen möchte.

Der Bruder des Maniküre-Mutanten könnte über ein aus seiner Stirn heraus wachsendes TomTom verfügen, in das aber noch die GPS-Koordinaten von 1986 eingegeben sind, weswegen das TomTom sich standhaft weigert, die Mutantengruppe an der innerdeutschen Grenze weiterzuleiten. Zum Glück verfügt aber ein weiterer Mutant über die Fähigkeit, allen Mutanten im Umkreis von acht Kilometern telepathisch den Refrain von »Wind of Change« als Endlosschleife zu übermitteln, sodass auch dieses Hindernis in einem revolutionären Akt überwunden werden kann, obwohl das TomTom die ganze Zeit »Bitte wenden« brabbelt.

Außerdem sollte einem Mutanten anstatt eines zusätzlichen Körperteils ein Eierschalensollbruchstellenverursacher gewachsen sein. Das hat zwar für unsere Geschichte keinerlei Bedeutung, aber ich finde das Wort so lustig, was unglückseligerweise dazu geführt hat, dass ich mich während der heiligabendlichen Bescherung bei meinen Eltern derart darüber erheiterte, dass meine Mutter mir meine Geschenke wieder weggenommen hat, weil sie unlängst so ein Ding erworben hatte.

Ohne Ziele, Wege und Weihnachtsgeschenke,
Alba

Handschuhe, Schubkarren und »Sie haben Ihren Zielort erreicht«

Liebe Alba,

nachdem nun schon einige Wochen ins Land gezogen sind und ich viel Zeit hatte, mir um die Fähigkeiten und körperlichen Ausstattungen unserer postapokalyptischen Mutanten Gedanken zu machen, ist mir trotzdem nichts Gescheites eingefallen. Ideale Voraussetzungen also für einen Weltbestseller!

Einer der Mutanten, die sich der Verfolgertruppe um den rachsüchtigen Bruder des suizidalen Maniküre-Mutanten angeschlossen haben, verfügt über die Fähigkeit, unbelebte Materie vorübergehend lebendig werden zu lassen. Diese unglaubliche Gabe funktioniert allerdings nur temporär, da sie dem Mutanten enorme mentale Anstrengungen abverlangt, von denen er sich zwischenzeitlich immer wieder erholen muss. Außerdem ist diese Fähigkeit auf Ikea-Stühle beschränkt, weshalb die Mutanten auch auf diesen reitend die Verfolgung unseres massakerverursachenden Geschwisterpärchens aufnehmen. Aufgrund der notwendigen Erholungsintervalle des ikeastuhlbelebenden Mutanten, den seine Mitstreiter – mit einem gewissen Sinn für Humor – liebevoll »Börje« rufen, muss die Gruppe allerdings alle 10 Minuten für 10 Minuten pausieren, weshalb sie nicht so recht von der Stelle kommen will.

Außerdem werden sie zusätzlich immer wieder von einem besonders neurotischen Exemplar aufgehalten, das aufgrund eines dritten Armes, der ihm kurz nach Ausbruch der Apokalypse über Nacht gewachsen ist, ständig zwei Paar Handschuhe mit sich trägt. Da er von denen aber ja nur drei anziehen kann, kann er sich nicht entscheiden, welchen er nicht anziehen soll, und bittet so mehrmals täglich sämtliche Mutanten um Rat. Die Gruppe muss sich so immer wieder über die Handschuhfrage beratschlagen und verliert dadurch natürlich weiter wertvolle Zeit, sodass unsere beiden Drillinge nach und nach immer mehr Vorsprung gewinnen.

Erschwerend hinzu kommt außerdem, dass das dem Bruder des Maniküre-Mutanten aus der Stirn wachsende TomTom ständig in der Eiseskälte gefriert und vorübergehend seinen Geist aufgibt. Es sagt dann nur noch »Sie haben Ihren Zielort erreicht«, woraufhin die Gruppe sich zunächst immer freut, bevor sie kapiert, dass das scheiß Teil nur wieder nicht richtig funktioniert hat, was die Gruppe zunehmend deprimiert und Unmut gegen den Maniküre-Mutanten-Bruder schürt. Die Mutanten hauchen dann abwechselnd gegen das TomTom, bis dieses die Route abgesehen von den bereits bekannten Einschränkungen wieder korrekt ansagt, was natürlich jedes Mal Zeit kostet.

Des Weiteren ist der Skorpions-Balladen verbreitende Mutant ein echtes Ärgernis für die Gruppe, die den Wind of Change nach der 128. Wiederholung nicht mehr ertragen kann und das arme Schwein in einem kollektiven Wutanfall erschlägt. Hierbei kommt dem Eierschalensollbruchstellenverursachermutanten eine besondere Bedeutung bei, der erst in dieser Situation merkt, dass er in affektiven Ausnahmesituationen dazu in der Lage ist, die Größe seines Eierschalensollbruchstellenverursachers durch Gedankenkraft zu variieren. So wird sein Eierschalensollbruchstellenverursacher in diesem Moment zu einem Schädeldeckensollbruchstellenverursacher, mit dem er dem telepathischen Wind-of-Change-Trällerer akkurat den Schädel spaltet, woraufhin die Gruppe jubelt und applaudiert und den Eierschalensollbruchstellenverursachermutanten eine Weile lang wie den Sieger eines großen Sportereignisses auf Händen durch die weiße Tristesse trägt.

Unsere Loser-Drillinge gewinnen derweil immer mehr Abstand zu ihren Verfolgern, meucheln unterwegs noch einige vereinzelte Neurotikermutanten ab und bestücken sich mit weiteren Trophäen. Irgendwann wird die Last der abgetrennten Körperteile und Reliquien allerdings so groß, dass die beiden auch nicht mehr so recht vorankommen. Dieses Problem löst sich allerdings, als sie einem Mutanten begegnen, dessen Beine – nebst ungeheuerlichen Kräften – zu einer Schubkarre mutiert sind. Also zwingen sie die arme Sau unter Androhung roher Gewalt, ihnen als Tragesel zu dienen und packen all die abgehackten Extremitäten auf seinen Oberkörper und kommen so wieder recht rasch voran. Kurz vor Thule stirbt die Kreatur jedoch trotz ihrer großen Kräfte an den ungeheuren Belastungen, und die beiden müssen das ganze Zeugs die restlichen paar Kilometer wieder selbst tragen. Vom Schubkarrenmutanten nehmen sie nur die beiden Räder mit, die diesem an Stelle seiner Füße gewachsen waren.

Von der Verfolgergruppe geht inzwischen keinerlei Bedrohung mehr aus. Das TomTom hat sie mehrere Tage lang im Kreis laufen lassen, nachdem der Wind-of-Change aufgrund der Schädeldeckensollbruchstelle seines telepathischen Verbreiters nicht mehr seinen korrigierenden Einfluss verbreiten konnte. In einem postapokalyptischen Eissturm kommt die bereits körperlich geschwächte Gruppe schließlich um und wird von einer tiefen Schneedecke begraben. Tragisch. Das TomTom krächzt ein letztes »Sie haben Ihren Zielort erreicht« und alles, was noch an die Gruppe erinnert, sind ein Ikeastuhlbein und die Spitze eines Eierschalensollbruchstellenverursachers, die einsam in der Einöde aus dem Schnee ragen.

Viele Grüße
Slamek

Teleportierte Flaschenpöste aus dem Steinhuder Erlebniszoo

Lieber Slamek,

in deiner letzten Mail sprichst du einen ganz wichtigen Punkt an, den wir bislang bei der Entwicklung unseres Plots total vernachlässigt haben, nämlich die Einfallslosigkeit. Einem vor ungebremster Kreativität nur so sprühenden und sprudelnden Charakter wie mir fällt es ungeheuer schwer, mich da im Sinne der literarischen Marktdiktatur mental an die Kette zu legen, aber du hast natürlich recht. Wir müssen aufpassen, dass unser Roman nicht zu innovativ und einfallsreich wird, sonst verweigert er sich am Ende jeder Genrezuweisung und läuft damit entgegen aller Markgesetze, und wir scheffeln nie mehr Kohle, als wir essen können.

Einfallslosigkeit liegt ja schon lange stark im Trend und führt immer zum Erfolg. Manch einer kupfert ganze Doktorarbeiten ab und verdient sich als Minister doof und dämlich, da sollte man sich ein Beispiel dran nehmen, finde ich. Der einfallsloseste Roman, den ich je zu lesen versuchte (es misslang), handelte von einer Karrieretussi, die irgendwo am Strand eine Flaschenpost mit einem schmalzigen Liebesbrief findet und nicht nachvollziehbar umgehend in Liebe für den unbekannten Schnulzenautor entflammt.

Das möchte ich gerne für unser Epos abkupfern und eine Mutantin – auch hier haben wir bislang ein gewisses Ungleichgewicht im Gender Mainstreaming – mit der Fähigkeit ausstatten, Flaschenpöste herbeizuteleportieren. Da die dabei ausgesendeten telepathischen Schwingungen immerzu den Frequenzbereich des TomToms störten, musste die arme Mutantin der Maniküre-Mutanten-Brüder-Gruppe immer im Abstand von zehn Kilometern folgen und hat so den Eissturm als einzige überlebt. Dieser hat sich am Rande des Steinhuder Meers ereignet, wo die Mutantin sich nun schluchzend auf die aus dem Schnee ragende Spitze des Eierschalensollbruchstellenverursacher-Mutanten wirft, welcher zu Leb- und Mutationszeiten ihr Liebhaber gewesen.

Der Kummer um die verlorene Liebe ihres Lebens setzt umgehend gewaltige telepathische Kräfte in ihr frei, und schwupps kommt aus dem Steinhuder Meer eine Flaschenpost geflogen und skalpiert die Eierschalensollbruchstellenverursacherspitze. Tapfer trocknet die Mutantin ihre Tränen, öffnet die Flaschenpost und liest die Nachricht. Diese stammt aus Steinhudis, einem vor langer Zeit im Steinhuder Meer versunkenen Kontinent, der im Zuge der Apokalypse wieder aufgetaucht ist. Auf

Steinhudis scheint die Sonne, und es gibt Vegetation, Ackerbau und Viehzucht sowie einen Erlebniszoo mit Rauwolligen Pommerschen Landschafen. Was es nicht gibt, ist Bevölkerung, da diese, anders als die an extreme Lebensbedingungen gewöhnten Pommerschen Landschafe, das lange Versunkensein im Steinhuder Meer nicht ganz unbeschadet überstanden hat. Nur ein einziger männlicher Steinhudier hat all die Jahre in einem luftdichten Kerker überlebt, in den ihn seine Mitsteinhudier zum Zeitpunkt des Versinkens wegen Unzucht mit einem Pommerschen Landschaf geworfen hatten. Nun hat er genug Zeit gehabt, über seine widernatürlichen Neigungen nachzudenken, und nach dem überraschenden Wiederauftauchen seines Kontinents eine ergreifende Flaschenpost verfasst, in der er seiner Sehnsucht nach menschlichen Gefährten in schwülstigen Worten Ausdruck verleiht.

Die Mutantin vergisst, wankelmütig wie Mutanten sind, auf der Stelle ihren im Schnee begrabenen Eierschalensollbruchstellenverursacherliebhaber und entflammt für den reumütigen Steinhuder Schafschänder. Leider hat diese Romanze keine Zeit, sich zu entwickeln, weil die verliebte Mutantin von den Loser-Drillingen entdeckt und in kleine Stücke gehackt wird. Da sie aber nicht mehr auf den Schubkarrenmutanten passt, nehmen die Drillinge nur die Flaschenpost mit, über die sie lange rätseln, da sie sie vor ihrem intellektuellen Background aus RTL-Soaps und SMS-Kürzeln nicht entziffern können. Nach der großen familiären Wiedervereinigung in Thule übergeben sie sie aber ihrem wirtschaftsweisen Vater, der das Potenzial der Botschaft erkennt und sich mit seiner Familie, dem Kelpie, dem Eisbären und dem abgehalfterten Kommissar aufmacht in Richtung Steinhuder Meer.

So wird das Ganze nicht zu einfallsreich, und wir hätten sogar ein total schönes Happy End. Finde ich.

Einen unangestrengten Sonntag noch!
Alba

Noch mehr Hybriden, Floßfahrten und schlimme Kindheiten

Liebe Alba,

nachdem ich mich nun schon ein Vierteljahr aufgrund diverser physischer, psychischer und anderweitiger Ausfallerscheinungen nicht dazu in der Lage gesehen habe, unseren Erfolgsroman mit der ihm angemessenen Zügigkeit weiter voran zu treiben, bleibt mir heute nichts anderes übrig, als dir gegenüber zunächst mein tiefstes Bedauern über diesen unhaltbaren Zustand zum Ausdruck zu bringen und dich zu bitten, großzügig Nachsicht mit mir zu üben sowie von sofort an Besserung zu geloben!

Genau das hat übrigens auch der Steinhuder Landschafschänder getan, nachdem sein unzüchtiges und gottloses Tun von der Gemeinschaft entdeckt wurde. Dies war überhaupt der einzige Grund, warum die Steinhudier ihn nicht gleich gesteinigt, sondern nur eingekerkert haben. Allerdings war der Sodomit im Gegensatz zu mir nicht ganz aufrichtig, hat er doch heimlich ein Schaf mit in seinen Kerker geschmuggelt! Da er der Impulskontrolle des Öfteren verlustig ging, dachte er dabei zunächst auch an nichts anderes als seine primitive, krankhafte Triebabfuhr. Doch dann versank Steinhudis im Meer und er hatte mehr als genug Zeit, seine widerwärtigen Neigungen zu reflektieren. Er kam zu dem Schluss, dass er ohne seine Neigung mit an Sicherheit grenzender Wahrscheinlichkeit im Kerker verhungern würde und dem sicheren Tod geweiht wäre. Also nahm er sich solange das Schaf vor, bis dieses trächtig wurde und schließlich lammte. Nachdem es gelammt hatte, schlachtete er es ab, aß es, und verging sich fortan an den Lämmern, bis diese zur Geschlechtsreife gelangten und ihrerseits lammten. Dann aß er die Lämmer und verging sich an den Lämmerslämmern usw. So überlebte er den Untergang im Meer sexuell ausgeglichen und meist vollen Bauches.

Als Steinhudis dann in Folge der Apokalypse wieder aus dem Meer emporstieg – die Kerkertür öffnete sich aufgrund der tektonischen Plattenverschiebungen beim Wiederzutagetreten ganz automatisch – bevölkerte der Landschafschänder fortan mit seinen Lämmerslämmerlämmerlämmern, die inzwischen allesamt groteske Lamm-Schafschänder-Hybriden waren, das saftige Steinhuder Grün und schrieb nur wenig später die bereits besagte schwülstige Flaschenpost. Als er diese ins Meer warf, entdeckte er am Strand ein angeschwemmtes UPS-Paket. Dessen Inhalt: 25 Sets schwarzer Klimastrumpfhosen mit Jojoba-Frischeausrüstung aus wärmespeichernden Meryl-Nexten-Hohlfasern. Das beflügelte natürlich seine eh schon pervertierte Phantasie, und so streifte er dem nächstbesten Lamm-Schafschänder-Hybriden die Strumpfhosen über und verging sich an ihm, während er darauf wartete, dass seine Flaschenpost in der zivilisierten Welt von jemandem gefunden und gelesen wurde.

Währenddessen ist dem wirtschaftsweisen Vater in Thule natürlich sofort klar, nachdem seine missratenen und verblödeten Sprösslinge ihm die Flaschenpost sowie die Überreste der von ihnen abgemurksten Mutanten übergeben haben, dass die Zukunft der Menschheit nur im Steinhuder Meer liegen kann. Mediterranes Wetter, üppige Vegetation, Nutztiere (dass die Pommerschen Landschafe inzwischen alle zu Pommerschen Lamm-Schafschänder-Hybriden verkommen waren, hatte der Schafschänder wohlwissentlich in seinem Brief verschwiegen) und eine natürliche Zombie-Abschirmung dadurch, dass Steinhudis ja eine Insel war. Perfekt! Ein einzelner Perverser sollte da wohl kein großes Hindernis darstellen. Jetzt galt es nur noch einen Weg zu finden, um von Thule zum Steinhuder Meer zu gelangen. Natürlich kam da nur der Seeweg in Betracht. Allerdings hatte die Gruppe kein Schiff, nicht einmal ein Boot, und sah sich gezwungen, zu improvisieren. Der abgehalfterte

Drogenfahnder hatte dann die Idee, aus den abgetrennten Gliedmaßen der durch die beiden Loser-Drillinge gemeuchelten Mutanten und den Unmengen inzwischen angehäuften Eisbärdungs ein Floß zu bauen.

Also machte sich die Gruppe an die Arbeit und verfügte wenig später über ein stattliches Floß, das in der Lage sein sollte, die Drillinge, Vater und Mutter, den Kelpie, den Eisbären und den abgehalfterten Kommissar von Thule über den Nordatlantik, die Nordsee und den Ärmelkanal zum Steinhuder Meer zu befördern. Als Segel verwendeten sie in Ermangelung anderer Stoffe die allerletzten Reste des Klimastrumpfhosenvorrats des Kelpies, was diesen zwar an den Rand eines Nervenzusammenbruchs brachte, der Gruppe aber ermöglichte, Fahrt aufzunehmen und sich auf den langen und beschwerlichen Weg über die Weltmeere zu machen.

Keiner von ihnen hatte jedoch die über eine Woche anhaltende Flaute kommen sehen, die bereits nach einem Tag auf See über die Gruppe hereinbrach. Zunächst schwamm der Kelpie, von Natur aus ja ein begnadeter Schwimmer, voraus und zog das Floß fast zwei Tage lang hinter sich her. Danach war er so erschöpft, dass es nicht mehr weiterging und der Gruppe gar nichts anderes übrig blieb, als sich ihrem Schicksal zu ergeben, zu warten und darauf zu vertrauen, dass der Wind bald wieder auffrischen würde.

Während der Kelpie und der Drogenfahnder im Heck des Floßes kopulierten und sich der Eisbär in einer Tour über die nicht vorhandene Reling übergab, fand die wiedervereinigte Familie das erste Mal Zeit, sich über die langen Jahre, in denen sie sich aus den Augen verloren hatten, zu unterhalten. Besonders neugierig waren die Eltern und der Kaffeeröstereierbinnendrilling, wie es den beiden Loser-Drillingen nach der Trennung ergangen war und wie sie zu solch verkommenen Subjekten hatten heranreifen können. Also begannen die beiden über ihre Kindheit zu berichten.

Die Stiefeltern der zwei Loser-Drillinge, die vor vielen Jahren aufgrund ihrer eigenen Unfruchtbarkeit bei der von RTL gesponserten Benefizveranstaltung für unfruchtbare Paare zugegen gewesen waren, nutzten die Gunst der Sekunde, als der schwangeren leiblichen Mutter, die sich bei der Veranstaltung als Trampolinkünstlerin verdingte, während der Darbietung eines dreifachen Saltos die Fruchtblase platzte und ihre Drillinge in einer Sturzgeburt plötzlich verlustig gingen und ins Publikum geschleudert wurden (je eines während jeder Saltodrehung). Zwei von ihnen schlugen in unmittelbarer Nähe der unfruchtbaren Stiefeltern auf, die sich daraufhin erfolgreich mit Fäusten und einigen gezielten Tritten gegen zwei andere Paare durchsetzten, die an den beiden Säuglingen ebenfalls Interesse zeigten.

Ein echter Glücksfall für die beiden vom Schicksal gebeutelten Unfruchtbaren! Was hatten sie schon gepimpert, ohne dass je etwas dabei herumgekommen war. Nie hätten sie ein eigenes Kind haben können, und nun hatte ihnen Fortuna gleich zwei vor die Füße geschmissen. Endlich hatten sie einmal Glück in ihrem entbehrungsreichen und von Fehlschlägen gezeichneten Leben. Kennengelernt hatten sich die beiden vor einigen Jahren in der Dokusoap Bauer sucht Frau. Er war zwar eher ein Nebenerwerbslandwirt, der haupterwerblich von Hartz-IV lebte, da er jedoch in der Plattenbausiedlung der ehemaligen Zone, wo er sein Dasein fristete, auf dem Balkon Pastinaken anbaute und im Vorgarten eine Kleingeflügelzucht unterhielt, wurde er von RTL akzeptiert. Da er nicht nur unfruchtbar war, was er zu diesem Zeitpunkt noch gar nicht wusste, sondern aufgrund einer ausgewachsenen Lippen-Kiefer-Gaumenspalte (seine Eltern waren Bruder und Schwester gewesen und hatten sich sofort nach seiner Geburt umgebracht) auch optisch nicht sonderlich attraktiv war, hatte er Bauer sucht Frau als seine letzte Chance gesehen, vielleicht doch nicht bis ans Ende seiner Tage mutterseelenallein durchs Leben gehen zu müssen.

Sie war eine beleibte Thailänderin, die einige Jahre zuvor von einem Gastronomiebesitzer unter Vorspiegelung falscher Tatsachen über das Internet nach Deutschland gelockt worden war. »Wertkonservativer Gentleman im Besitz eines lukrativen Gourmet Tempels für eine extravagante zahlungskräftige Klientel sucht Sie zum gemeinsamen Lieben und Leben«, oder so ähnlich hatte es da geheißen. Letztlich entpuppte sich der Gentleman als Inhaber einer ranzigen Frittenbude im Frankfurter Bahnhofsviertel, die hauptsächlich Prostituierte, Freier und Arbeitslose bediente. Aber das hatte sie erst bemerkt, als sie schon ihr sämtliches armseliges Hab und Gut in Asien veräußert und sich auf die lange Reise nach Deutschland begeben hatte. Sie lernte rasch die wichtigsten deutschen Begriffe, wie »Ja, Nein, Danke, Bitte, Schön scharf machen, Leck mich am Arsch« und »Fotze«, sprach ansonsten aber kein Deutsch. Sie arbeitete tagein, tagaus von morgens 9:00 Uhr bis Mitternacht in der Pommesbude, wo sie stets die gleiche ranzige Schürze trug, aus der rechts und links ihre fettleibigen Arme herausquollen, und arrangierte sich mit ihrem Schicksal. Wenigstens hatte sie, anders als in Thailand, immer genug zu essen. Von den ganzen Fritten,

Frikandeln, Currywürsten und halben Hähnchen wurde sie allerdings binnen weniger Jahre so fett, dass sie nicht mehr hinter die Fritteuse passte. Das machte sie für ihren hochstapelnden Mann nutzlos, der sie kurzerhand durch eine schlanke Russin ersetzte, indem er die Kontaktanzeige von damals mittels Copy and Paste und einer automatischen Google-Übersetzung für eine russische Internetkontaktbörse anpasste.

Völlig verzweifelt sah die Thailänderin kurz darauf im Fernsehen einen Trailer für Bauer sucht Frau und bewarb sich für die Sendung, wo sie ihrem heutigen Mann begegnete. Über ein Jahr lang versuchten die beiden täglich erfolglos sich fortzupflanzen. RTL besorgte ihnen schließlich einen Fruchtbarkeitsspezialisten, der den beiden attestierte, dass da Hopfen und Malz verloren sei. RTL hatte Mitleid mit den beiden und schickte sie anschließend zu der Benefizveranstaltung, wo sie aufgrund der geschilderten glücklichen Umstände plötzlich zu den beiden Drillingen kamen. So wuchsen die Loser-Drillinge in der Plattenbausiedlung der ehemaligen Zone auf. Ihre Stiefmutter sprach nach wie vor so gut wie kein Wort Deutsch, kümmerte sich aber aufopferungsvoll um die beiden, auch wenn sie nicht die blasseste Ahnung von der Säuglingspflege hatte. Nachdem sie feststellte, dass sie die beiden trotz tagelanger Versuche nicht mit ihren eigenen Brüsten stillen konnte, ging sie täglich in die Pommesbude um die Ecke und kaufte den beiden Currywürste, Fritten und halbe Hähnchen, die sie zunächst in einem Mixer pürierte, da die beiden ja noch keine Zähne hatten.

So kam es, dass die beiden Loser-Drillinge bis zu ihrem zehnten Lebensjahr nichts anderes gegessen hatten als das Zeugs, das es in der nahegelegenen Frittenschmiede zu kaufen gab sowie gelegentlich rohe Pastinaken. Erst mit der Einschulung (die beiden waren aufgrund der einseitigen Ernährung geistig ein wenig zurückgeblieben, litten an diversen Mangelerscheinungen und chronischer Rachitis und wurden erst mit 10 Jahren eingeschult) lernten sie, dass es auch noch andere Lebensmittel gab, denen sie jedoch lange Jahre skeptisch gegenüberstanden.

Die beiden kamen auf eine typische Loserkinderschule im sozialen Brennpunkt Plattenbausiedlung und waren somit offen für rechte Einflüsterungen und die Verlockungen der verschiedenen Drogen, die auf dem Schulhof feilgeboten wurden. Da sie kaum Geld besaßen – von ein paar Pastinaken und der Kleingeflügelzucht des Vaters ließ es sich nicht sonderlich gut leben, die Mutter war nach wie vor zu fett zum Arbeiten und sprach außerdem noch immer kein Deutsch –, entdeckten sie bald die finanziellen Möglichkeiten, die die illegale Veräußerung von Drogen bot und waren bereits mit 13 Jahren aus dem örtlichen Drogenhandel nicht mehr wegzudenken.

Zu dieser Zeit heftete sich der damals noch nicht ganz so abgehalfterte Drogenfahnder erstmalig an ihre Fersen. Besonders das Mädchen lernte sich früh durchzusetzen und haute ihren Mitschülern, Mitschülerinnen und Lehrerinnen wo sie konnte aufs Maul. Auch zu Hause war sie kaum zu bändigen, wollte ihre halben Hähnchen nicht mehr essen und verbrannte in einem Anfall rasender Drogenwut sämtliche Pastinaken des Vaters auf dem Balkon. Die Stiefeltern wussten nicht mehr ein noch aus und wendeten sich in ihrer Verzweiflung an RTL, das ihnen daraufhin die Supernanny in die Plattenbausiedlung schickte. Als diese wenige Tage darauf kündigte – die Kleine hatte ihr mehrere Zähne ausgeschlagen –, wurde das Mädchen vom örtlichen Plattenbaugericht zu einem Antiaggressionstraining mit anschließender Streicheltherapie verurteilt.

Für die Streicheltherapie stellte die sozial engagierte Polizeichefin ihre preisgekrönte Perserkatze zur Verfügung, die die beiden kurz darauf entführten und die anschließend in einer Verkettung höchst unglücklicher Umstände während eines misslungenen Befreiungsversuchs versehentlich vom Drogenfahnder erschossen wurde.

Und als wäre das nicht alles schon schlimm genug, bricht plötzlich auch noch die Apokalypse über die Plattenbausiedlung herein. Just in dem Moment, als die beiden Loser-Drillinge abends auf einem geklauten Flachbildschirmfernseher RTL schauen und völlig unerwartet ihre beiden Stiefeltern in einer Talkshow sehen. In der Talkshow äußern sich die Stiefeltern höchst abwertend über ihre Ziehkinder. Als der Vater sagt, »Ich hoffe diese Kaffeeröstereierbin, die sich den dritten Drilling geschnappt hat, hat nicht so ein verkommenes Exemplar erwischt, wie wir«, wissen die beiden, dass sie noch einen wohlhabenden Bruder haben müssen und machen sich sofort auf den Weg, um ihn zu finden und finanziell auszubeuten. Im Vorgarten treffen sie auf die ersten Zombies, die sich gerade über die Kleingeflügelzucht ihres Stiefvaters hermachen.

Nachdem die beiden ihre Ausführungen beendet haben, regt sich noch immer nicht das geringste Lüftchen. Der Eisbär kotzt noch immer vom Floß, der Kelpie und der Drogenfahnder haben allerdings das Kopulieren inzwischen drangegeben. Die Eltern und der Kaffeeröstereierbinnendrilling sind entsetzt über das harte Los, das den beiden zuteilwurde. Mutti wischt sich eine Träne aus dem Gesicht und drückt ihre Tochter an sich, die sich jedoch sofort aus der Umarmung löst, da sie so viel Nähe nicht gewohnt ist und nun ihrerseits wissen will, wie denn der privilegierte Bruder im Kaffeerösterei-imperium aufgewachsen ist …

Tief bewegt,
Slamek

Was uns der Einzelhandel lehrt und warum einen Schnuffeltücher zu Opfern machen

Lieber Slamek,

bitte argwöhne jetzt nicht, dass ich die manischen Phasen deiner bipolaren Schreibblockaden irgendwie negativ bewerte. Indem ich zum Beispiel denke, na toll, da kommt der Arsch wochenlang nicht aus den Puschen, und jetzt haut der mir so einen Sermon um die Ohren, wie soll ich denn darauf bitte so schnell an meinem anderthalbtägigen Einzelhandelswochenende mit einer halbwegs adäquaten Fortsetzung reagieren. Das wäre höchst unprofessionell und auch sehr unkollegial von mir.

Andererseits: Wäre ich auf der Einzelhandelsstufe der Karriereleiter gelandet, verfügte ich auch nur ansatzweise über am Arbeitsmarkt gefragte Tugenden wie Professionalität und Kollegialität? Siehst du. Dann wirst du es mir sicherlich nachsehen, wenn ich das mit den Puschen und dem Sermon und so trotzdem denke.

Auch möchte ich zu bedenken geben, dass – und hier greife ich auf eine allseits beliebte Floskel aus meinem Einzelhandelsalltagseinerlei zurück – die Quantität IMMER zu Lasten der Qualität geht. So sind mir, dies sei vorab bemerkt, gleich drei logische Fehler in deiner ausufernden Weiterführung aufgefallen. Erstens: Hybriden, zumal Hybriden aus unterschiedlichen Arten, können sich nicht vermehren. Das macht sie ja gerade zu Hybriden. Hybriden sind widernatürliche, meist durch menschliche Eingriffe hervor gebrachte Mischwesen, die sich weder untereinander noch mit sonst was fortpflanzen können. Nimm zum Beispiel die Petunie. Die Petunie ist, wie der meiste einjährige Blütenramsch, den du im Gartencenter kaufen kannst, eine Hybride, die zwar prächtig anzuschauen ist, jedoch für die Bienen und Hummeln eine arge Enttäuschung darstellt, denn da die Petunie eh keine Bestäubungsutensilien hervorbringt, macht es für sie auch gar keinen Sinn, sowas Überflüssiges wie Nektar abzusondern, um bestäubungswillige Insekten herbeizulocken. Die Bienen verhungern, in Folge dessen sterben bestäubungswilligere Pflanzen unvermehrt, weil die Bienen ja alle tot um die Petunien rum liegen, es wächst nix mehr, die Pflanzenfresser darben dahin, was sich wiederum auf das Nahrungsangebot der Fleischfresser auswirkt, die Nahrungskette reißt ab und die Welt geht unter. Das hat man von Hybriden.

Zum Glück für unsere Geschichte haben wir ja in dieser noch den unerschöpflichen Nazibunker in Thule. In diesem treibt neben dem experimentellen

Gehirnchirurgen auch ein gewissenloser Genetiker sein Unwesen, der mit seinem unheilvollen Wissen die Mensch-Perserkatzen-Hybriden in Richtung fertiler Exemplare verbessern sollte. In der Vorphase der Mensch-Katze-Kreuzungen experimentierte er zunächst mit Schafen und Eisbären, wobei ihm ein gewisser Erfolg beschieden war. Leider schwammen einige der Kreaturen ihm davon und gingen in Steinhudis an Land, wo man sie für Rauwollige Pommersche Landschafe hielt, welche bald ganz Steinhudis bevölkerten und beinahe schon zur Plage geworden waren, als Steinhudis unterging.

Der zweite logische Fehler lässt sich leider nicht so elegant und nachvollziehbar beheben. Du schreibst, die Eltern des Bauer-sucht-Frau-Protagonisten mit der Lippe-Kiefer-Gaumenspalte hätten sich nach dessen Geburt umgebracht. Nun wird es unserer geistig hochstehenden Leserschaft nicht entgangen sein, dass bei Bauer sucht Frau IMMER die Bauernmutter des zu verbandelnden Junggesellen eine tragende Rolle spielt. Einen Suizid gleich beider Landwirtseltern halte ich daher für nicht darstellbar.

Und drittens: Aus Schürzen können seitlich keine Arme quellen, weil Schürzen vor dem Bauch getragen werden. Was du meinst, ist ein Kittel. Ich möchte dich bitten, bei allem Verständnis für deine

Klimastrumpfhosen-Obsession ein wenig mehr Sorgfalt bei der Recherche des weiten Themenfeldes »Weibliche Oberbekleidung« walten zu lassen.

Nachdem wir das geklärt haben, werde ich nun mit der Fortsetzung der Drillingsgeschichte fortfahren. Auch der Kaffeeröstereierbinnendrilling weiß von einer Kindheit zu berichten, welche zwar nicht von materiellen, aber in hohem Maße von emotionalen Defiziten geprägt gewesen. Nicht der mütterliche Wunsch nach der Hege und Pflege eines hilflosen kleinen Wesens war es schließlich, welcher den Ausschlag für die Teilnahme der Kaffeeröstereierbin an der RTL'schen Benefizveranstaltung gab. Vielmehr war die alte Schabracke aufgrund ihrer nymphomanen Umtriebe während der Jugendzeit infolge einer Syphilis-Erkrankung unfruchtbar geworden und sah sich nun mit dem Problem konfrontiert, von irgendwoher Nachwuchs für das zeit- und arbeitsaufwändige Kaffeeröstereiimperium herbei zu schaffen, dessen Management ihren eigenen Interessen – Ikebana, Canasta und Sextourismus – immer mehr im Wege stand.

Als der letzte Drilling daher während des dritten Saltos, den Brautschleier seiner Mutter fest umklammernd, in ihrer Designertasche aus der Zwischenzehenhaut des südamerikanischen Axolotls landete, dachte sie zwar zunächst, igitt, jetzt ist die

Tasche total versaut, erkannte aber im nächsten Augenblick die Riesenchance, die sich ihr mit dem schleimigen Wurfgeschoss hinsichtlich ihrer Selbstverwirklichung bot. Rasch schleppte sie ihre Beute in der Axolotltasche mit nach Hause, wo sie den Kleinen von verschiedenen Callboys großziehen ließ, was nicht eben zu einer optimalen Entwicklung des adoptierten Erben beitrug. Durch die Flaschennahrung mit Koks-Milchpulver-Gemisch zeigte der kleine Racker schon früh eine unangenehme Tendenz zur Hyperaktivität, die die Callboys über die Maßen in Anspruch nahm, was der Kafferöstereierbin aufgrund der damit einhergehenden Vernachlässigung ihrer sexuellen Bedürfnisse auch mit der Zeit auf die verklebten Eierstöcke ging.

Eine Zeitlang versuchte sie die nervige Brut mit Geschenken und Haustieren zu beschäftigen, hatte aber irgendwann auch keinen Bock mehr auf das ewige ph-Wert-Messen des Goldfischglases und kippte am sechsten Geburtstag des geraubten Sprösslings einfach einen Schuss Domestos in Hansis gläserne Welt. Bei der scheinheilig inszenierten Beerdigung des vom Sohn so innig geliebten Haustieres spülte sie auch gleich das Zwergpony Angelika mit runter, das nur immer seinen Stall vollschiss und Fliegen anzog. Nachdem sie sich auf diese Weise der unliebsamen Spielgefährten ihres Filius entledigt hatte, setzte sie den bitterlich schluchzenden Kleinen in ein Taxi und verklappte ihn, den soeben schulpflichtig Gewordenen, in das Elite-Internat, in dem schon ihr Vater, ihr Großvater, dessen Vater und überhaupt sämtliche Vätersväter des Kaffeeröstereiimperiums zu Ordnung und Disziplin erzogen worden waren.

Auch hier erwartete unseren jugendlichen Helden weder Wärme noch Verständnis, sondern, wie an Eliteschulen üblich, körperliche und seelische Misshandlung, unbarmherziger Drill und sexueller Missbrauch. Speziell seine hartnäckige Weigerung, auch als Heranwachsender endlich mal von seinem Schnuffeltuch – dem Brautschleier der Trampolinkünstlerin – zu lassen, machte ihn zur Zielscheibe erbarmungsloser Hänseleien und Quälereien seitens seiner Mitschüler, wobei sich vor allem Hanno und Nanno hervortaten.

Hanno war der Sohn eines experimentellen Gehirnforschers in Thule. Bereits als kleiner Junge übte Hanno sich in der Misshandlung von Eisbären und eingekerkerten Wirtschaftsweisen, über deren in den Schnee geschriebenen Oden an die verlorene Liebe, eine ukrainische Trampolinkünstlerin, er hämisch lachend zu urinieren pflegte.

Nannos Herkunft war eigentlich weniger elitär, und er stellte im Grunde keinen adäquaten Umgang für Hanno dar. Doch eine aus der Lust am Quälen und Misshandeln Schwächerer erwachsene Seelenverwandtschaft band die ungleichen Gefährten aneinander. Nanno war der Sohn des Hausmeisters, eines ewig besoffenen alten Wracks, das die Internatszöglinge mit seiner diktatorischen Auslegung der Hausordnung drangsalierte, nur um sich dann wieder die Birne mit Wodka vollzuschütten und stundenlang seinem längst vergangenen Ruhm als tschetschenischer Feuerschlucker hinterherzujammern. Ein Brandunfall während einer Vorführung, vor der er einen tschetschenischen Kräuterschnaps gebechert hatte, hatte vor vielen Jahren bereits seiner Karriere ein jähes Ende bereitet. In seinen immer häufiger auftretenden depressiven Stunden heulte er Nanno mit seinen nicht enden wollenden Klagen über eine ukrainische Schlampe voll, die ihm den Kräuterschnaps vor der Vorführung als Kamillentee gegen seinen wunden Hals angedreht hatte, bloß weil er ein Jahr zuvor die Sturzgeburt ihrer drei Bankerten während einer Trampolindarbietung auf einer Benefizgala für unfruchtbare Paare eben mittels jenes Kräuterschnapses herbeigeführt hatte.

Nachdem Hanno und Nanno den kleinen Kaffeeröstereierbinadoptivling auf dem Turnhallenklo eingesperrt hatten, kopfüber am Wasserspülkasten aufgeknüpft und seines geliebten Schnuffeltuches beraubt, begutachteten sie ihre geklöppelte und trotz der jahrelangen Beschnuffelung noch immer blütenweiße Beute. Dabei entdeckten sie ein aufgesticktes Trampolin, auf dem ein Bulle und ein Bär herumhüpften. Hanno, der neben seinem Hang zu perfiden Grausamkeiten auch den scharfen Intellekt seines gehirnchirurgischen Vaters geerbt hatte, stellte rasch einen Zusammenhang her zwischen den Liebesoden des eingekerkerten Wirtschaftsweisen, dem Schlampengejammere des besoffenen Hausmeisters und dem verräterischen Schnuffeltuch des an der Klospülung hängenden Kaffeeröstereierbinnenerben.

Rasch kehrten Hanno und Nanno zurück in das Turnhallenklosett und erzählten dem dort Hängenden voller Häme, dass er nur adoptiert sei und in Wirklichkeit gar kein Kaffeeröstereiimperiumserbe, sondern der Bastard eines eingekerkerten Wirtschaftsweisen und einer hinterfotzigen ukrainischen Trampolinkünstlerin. Unglückseligerweise beginnt sich just in diesem Moment die Zombieapokalypse auch auf die elitären Hallen und Turnhallen des Internats auszubreiten, und Hanno und

Nanno werden in Stücke gerissen und verspeist. Als die Zombies das Seil durchbeißen, mit dem der Drilling an der Klospülung befestigt ist, kommt der schwer bewaffnete Hausmeister in die Turnhalle gestürmt, erblickt die von dessen Gedärmen umwickelten Converse Chucks seines geliebten Sohnes Nanno und bläst in seinem Schmerz ein paar Zombies die Rübe weg, bevor ihn die restlichen überwältigen und vom Alkoholgehalt des Hausmeisterfleisches derartige Koordinationsschwierigkeiten bekommen, dass dem Drilling die Flucht gelingt. Natürlich nicht ohne rasch sein Schnuffeltuch an sich gerafft zu haben, welches ihm auf seiner Suche nach den leiblichen Eltern inmitten der Zombieapokalypse noch gute Dienste leisten wird.

Doch nun ist es halb sieben an meinem kurzen Einzelhandelswochenende, und mir reicht es jetzt auch.

Kurz gefasst,
Alba

Life is a Drecksau

Lieber Slamek,

eigentlich wärst du jetzt wieder dran gewesen mit der Fortsetzung unseres epochalen Meisterwerkes, doch nun hat das letzte Kapitel das Leben geschrieben.

Die Drecksau.

Man soll über Tote nix Schlechtes reden. Ich mach es aber trotzdem. Du bist und bleibst eine Pussy. Andere Satiriker haben wenigstens den Anstand, im terroristischen Kugelhagel den Löffel abzugeben und ihrem mittelmäßig dahin dümpelnden Käseblättchen einmal eine Riesenauflage zu bescheren. Nicht mal das kriegst du hin. Stattdessen legst du dich ins Bett und stehst am anderen Tag nicht mehr auf. Und das auch noch kurz vor Weihnachten, was ich dir hiermit auch noch vorwurfsvoll mit auf den Weg geben möchte.

Ich habe von deinem planlosen und sinnfreien Abgang in der Umschulungs-Anstalt erfahren, als ich während der Vorbereitungen zur Weihnachtsfeier schnell noch den schuleigenen Rechner zum Abrufen meiner privaten Mails missbrauchte. Die Weihnachtsfeier hat dann ohne mich stattgefunden. Einige Tage später wurde ich von einer mitfühlenden Mitschülerin nach den Gründen befragt und erklärte, ein Freund von mir sei gestorben, worauf die MiMi ausrief: »Oh nein, und das kurz vor Weihnachten!« Ich erwiderte, der Zeitpunkt des Freundesterbens sei mir eigentlich prinzipiell egal und hätte mich auch im August nicht weniger schwer getroffen, worauf die MiMi mich indigniert anschaute und vorwurfsvoll wiederholte: »Ja schon, aber … kurz vor WEIHNACHTEN!« Mein erster Gedanke war, das muss ich Slamek erzählen, mein zweiter, Scheißdreck.

In so einer Welt lässt du mich allein mit einer sinnlosen Geschichte, die jetzt noch nicht mal ein nachvollziehbares Ende bekommt – okay, vielleicht hat so eine Welt auch nix Besseres verdient, aber trotzdem: Du bist ein Arsch. So kurz vor Weihnachten.

Verdammt einsam,
Alba

ENDE

Klaus Märkert

Schatten voraus

EYGENNUTZ VERLAG 2016
ISBN: 978-3-946643-00-5
9,99 €

Ein Nachthumor-Roman

»Fantastischer Spaß für Leser mit schrägem Humor!«

WAZ, Juli 2016

Vico Salinus & Sascha Petrovic

Exsanguis I

EYGENNUTZ VERLAG 2016
ISBN: 978-3-946643-02-9
12,90 €

Eine unmystische Vampirgeschichte

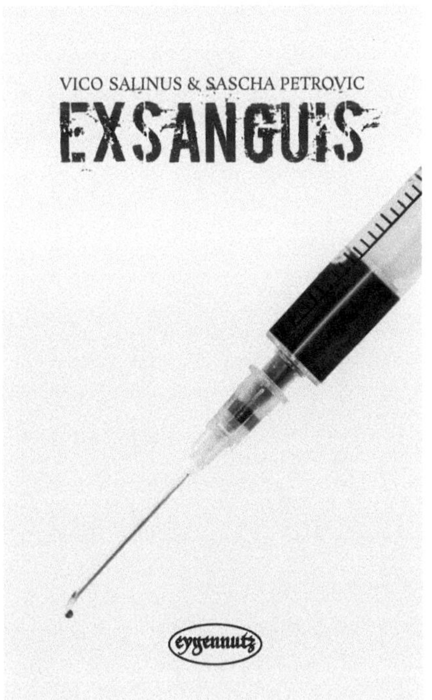

»Wer weder unter Hämato- noch Homophobie leidet, wird diesen kurzweiligen Serienauftakt mit Vergnügen verschlingen!«

Christoph Kutzer, Sonic Seducer (Ausgabe 02/16)